VIRTUAL KNOCKERS

Uma jornada inchada pelos caminhos da IA

VIRTUAL GIRLS

MUJIKA, Ed. 2023

Virtual Knockers. Uma jornada inchada pelos caminhos da IA, Tapachula. Virtual Girls.

Este trabalho está licenciado sob CC BY-NC-SA 4.0.

15.24 × 22.86 cm

Contato: editorial.paracelso@gmail.com

EDIÇÃO GLOBAL

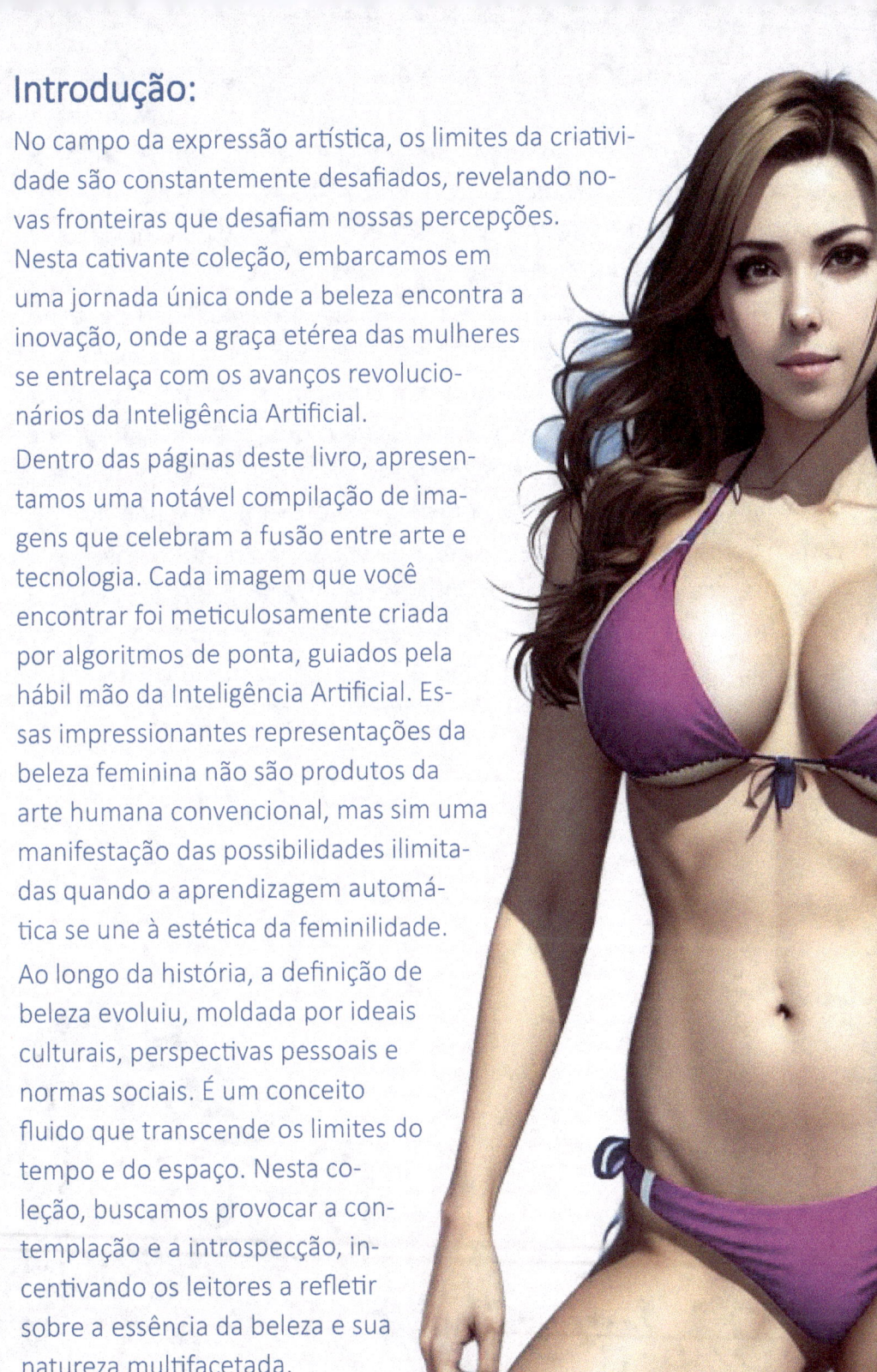

Introdução:

No campo da expressão artística, os limites da criatividade são constantemente desafiados, revelando novas fronteiras que desafiam nossas percepções. Nesta cativante coleção, embarcamos em uma jornada única onde a beleza encontra a inovação, onde a graça etérea das mulheres se entrelaça com os avanços revolucionários da Inteligência Artificial.

Dentro das páginas deste livro, apresentamos uma notável compilação de imagens que celebram a fusão entre arte e tecnologia. Cada imagem que você encontrar foi meticulosamente criada por algoritmos de ponta, guiados pela hábil mão da Inteligência Artificial. Essas impressionantes representações da beleza feminina não são produtos da arte humana convencional, mas sim uma manifestação das possibilidades ilimitadas quando a aprendizagem automática se une à estética da feminilidade.

Ao longo da história, a definição de beleza evoluiu, moldada por ideais culturais, perspectivas pessoais e normas sociais. É um conceito fluido que transcende os limites do tempo e do espaço. Nesta coleção, buscamos provocar a contemplação e a introspecção, incentivando os leitores a refletir sobre a essência da beleza e sua natureza multifacetada.

Essas imagens geradas por IA encapsulam um espectro diverso de aparências, mostrando o rico tecido da estética humana. Desde traços delicados adornados com um toque de vulnerabilidade até expressões audaciosas que exalam confiança, o tecido visual pintado por esses algoritmos inteligentes desafia noções preconcebidas e nos convida a explorar a interação entre percepção e realidade.

Conforme nos aprofundamos nessa notável amalgama de arte e tecnologia, abracemos a ideia de que a beleza não está confinada exclusivamente ao âmbito da criação humana. Ao empurrar os limites das possibilidades criativas, a Inteligência Artificial nos oferece um vislumbre de um mundo alternativo onde os algoritmos se fundem com a estética, revelando composições extraordinárias que cativam a imaginação.

Sejam bem-vindos a esta expedição visual, onde os reinos da beleza humana e da arte gerada por máquinas se entrelaçam. Juntem-se a nós enquanto embarcamos em uma exploração inovadora das paisagens cativantes criadas pela colaboração da mente humana e do potencial infinito da Inteligência Artificial.

Ed Mujika

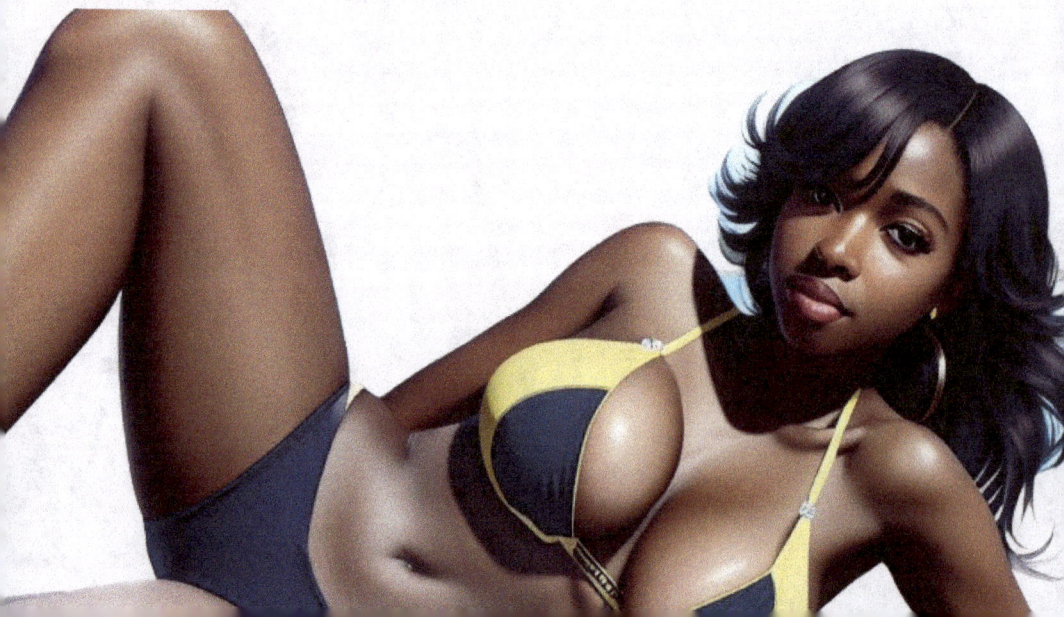

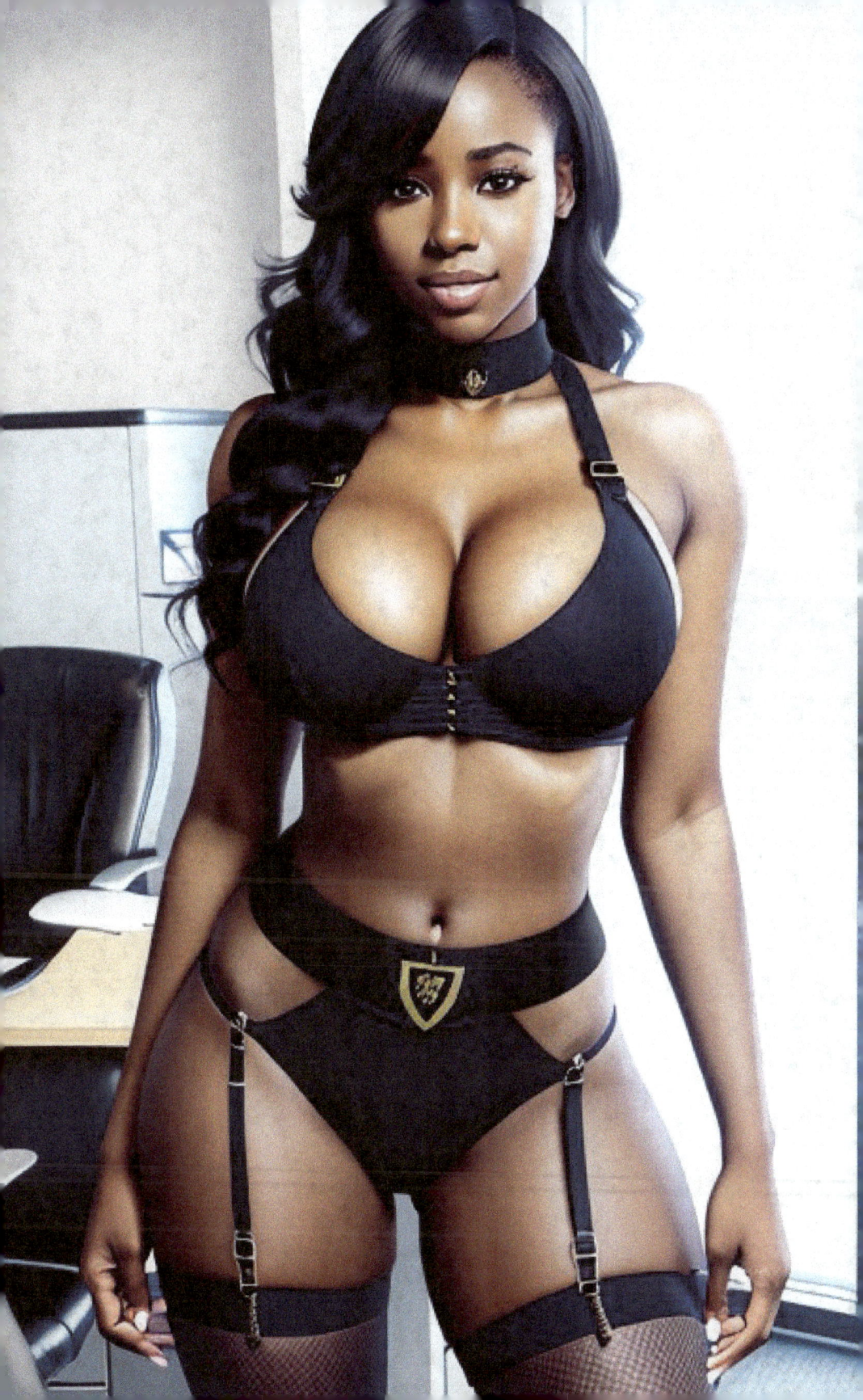

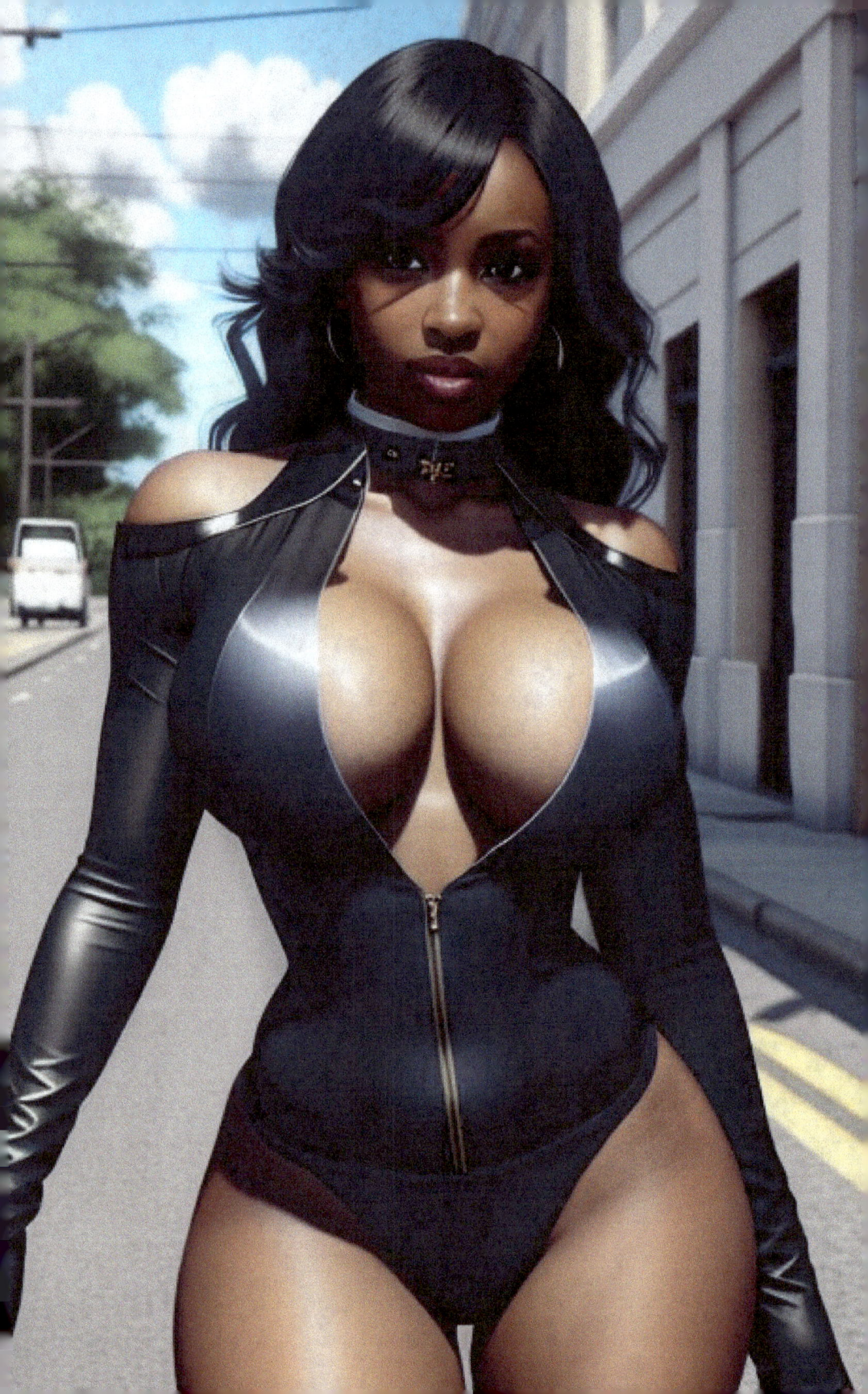

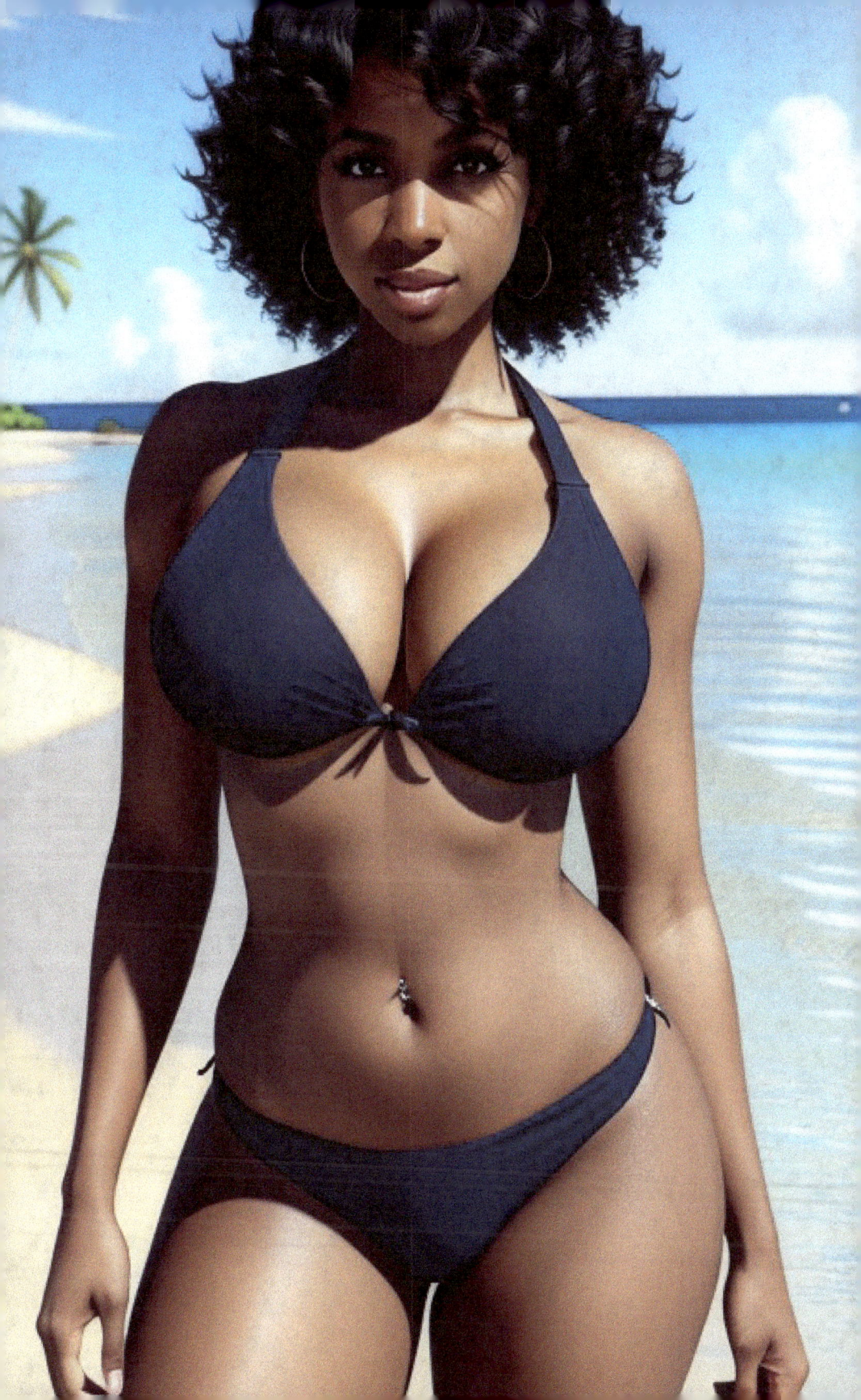

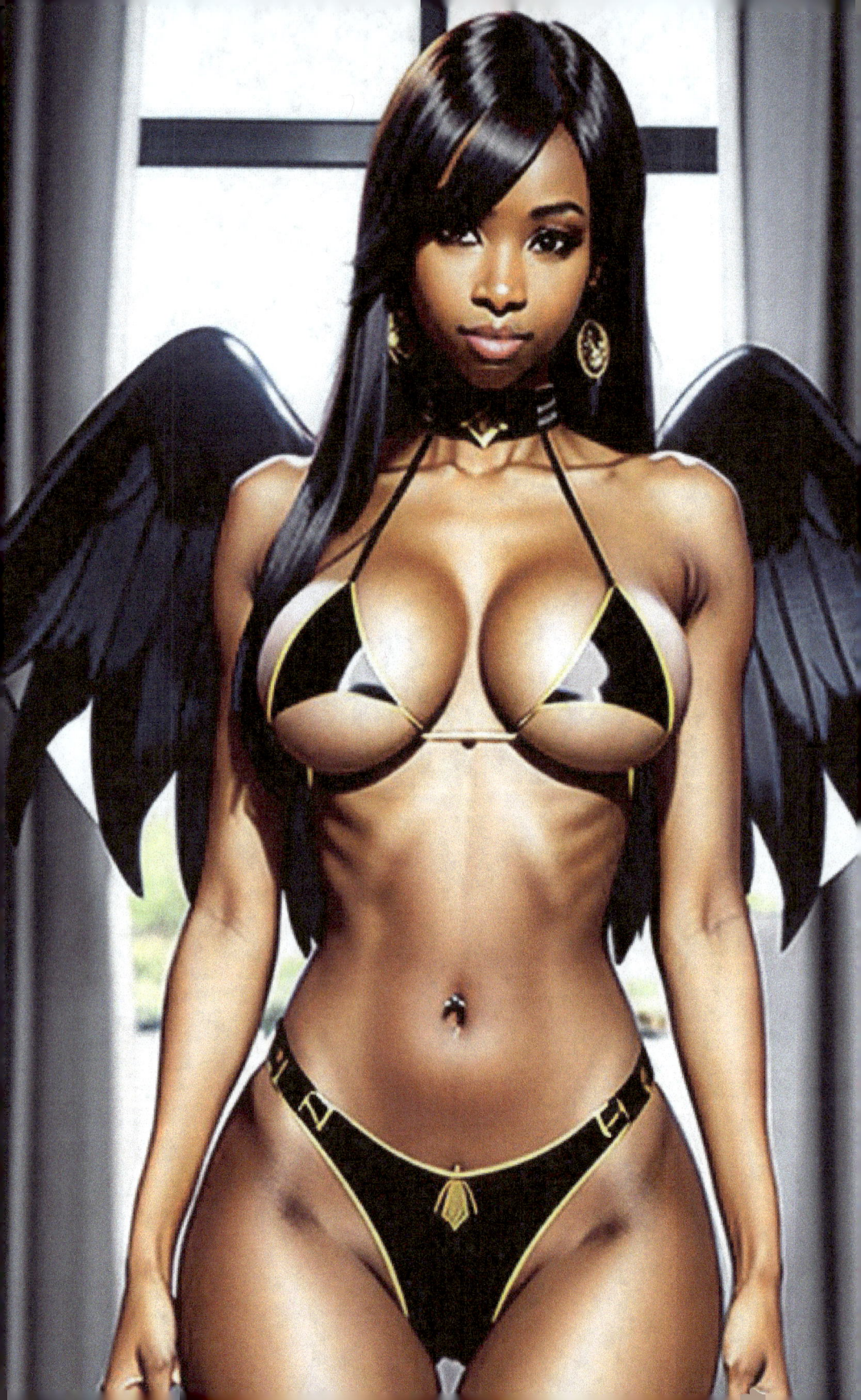

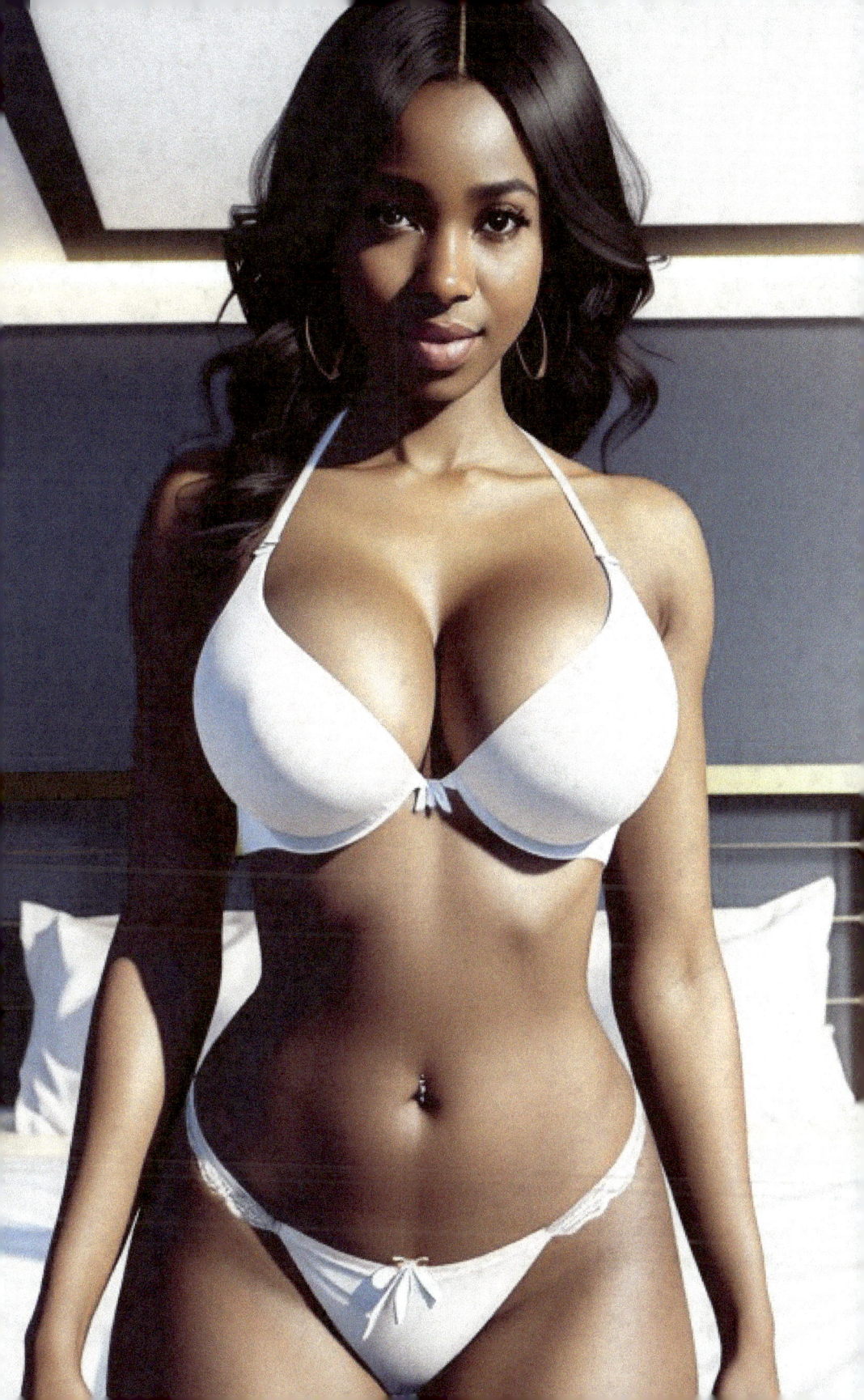

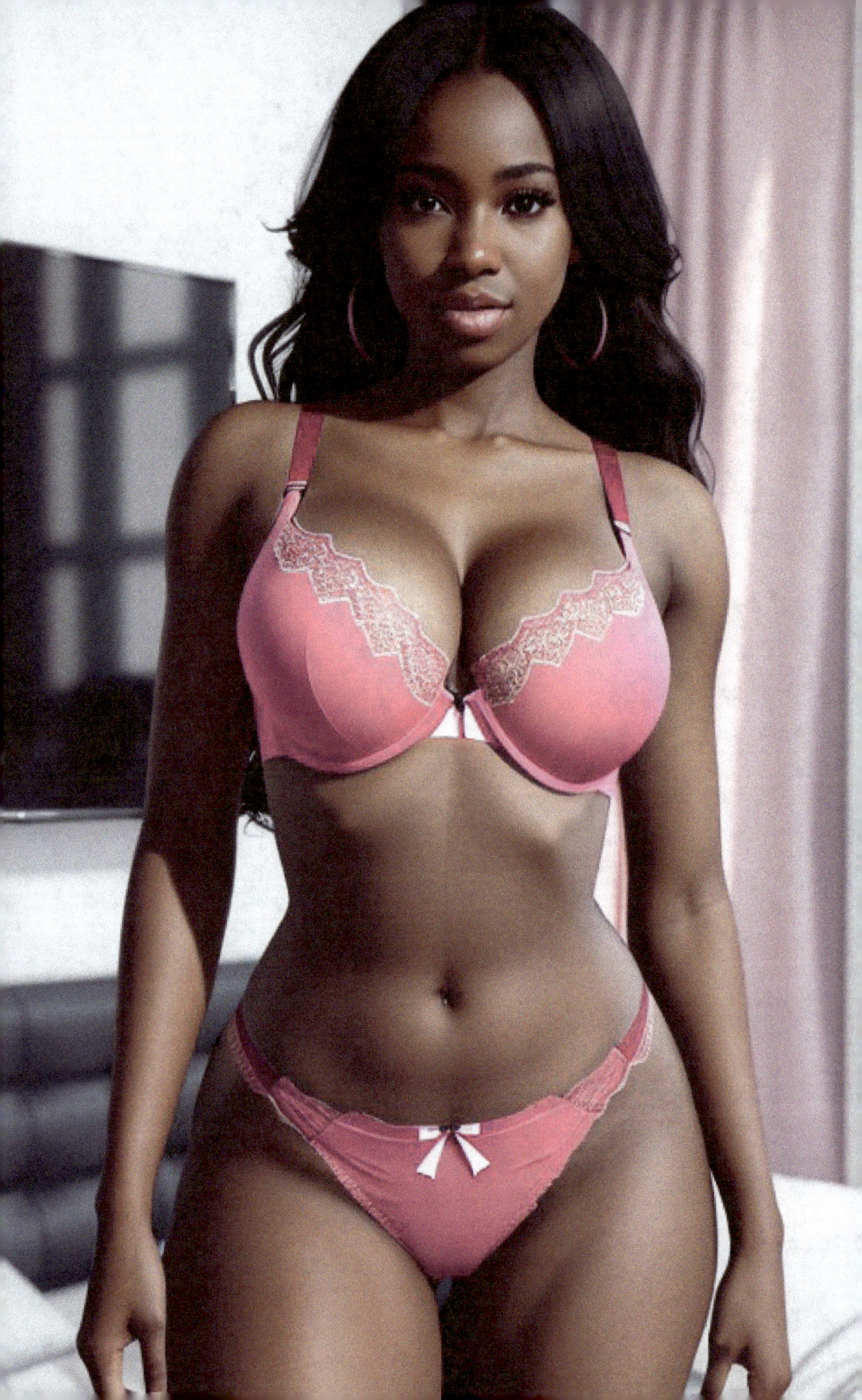

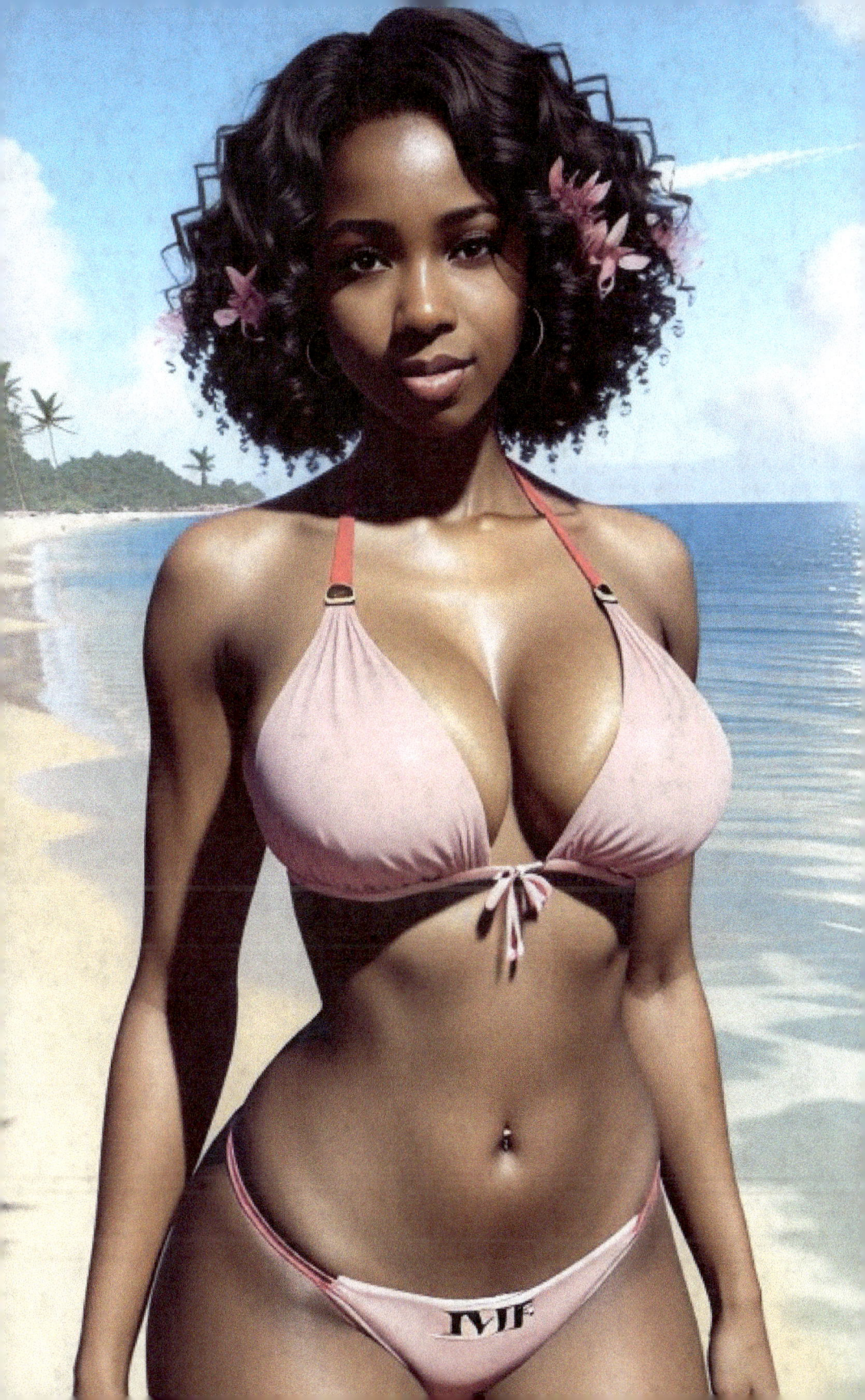

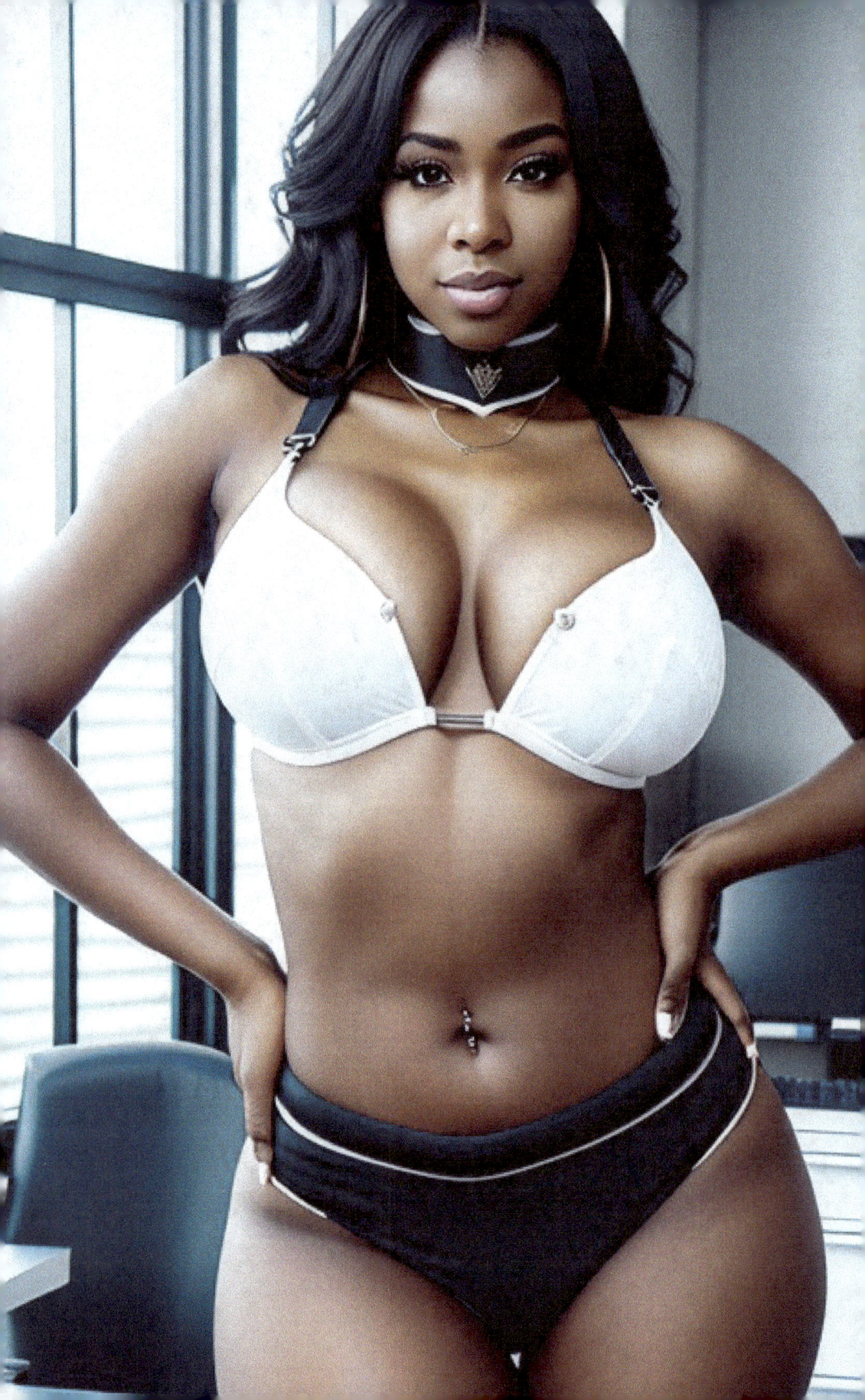

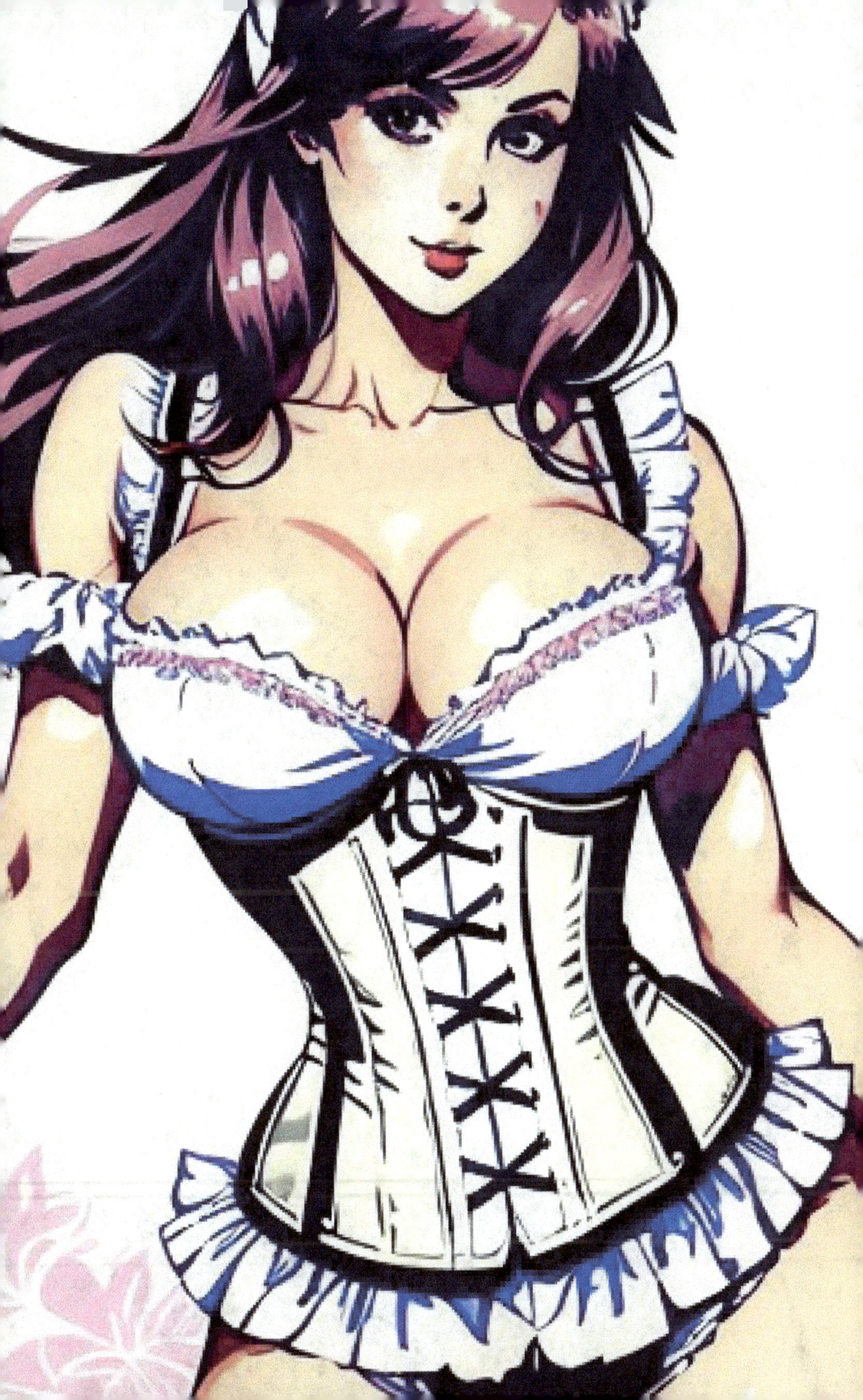

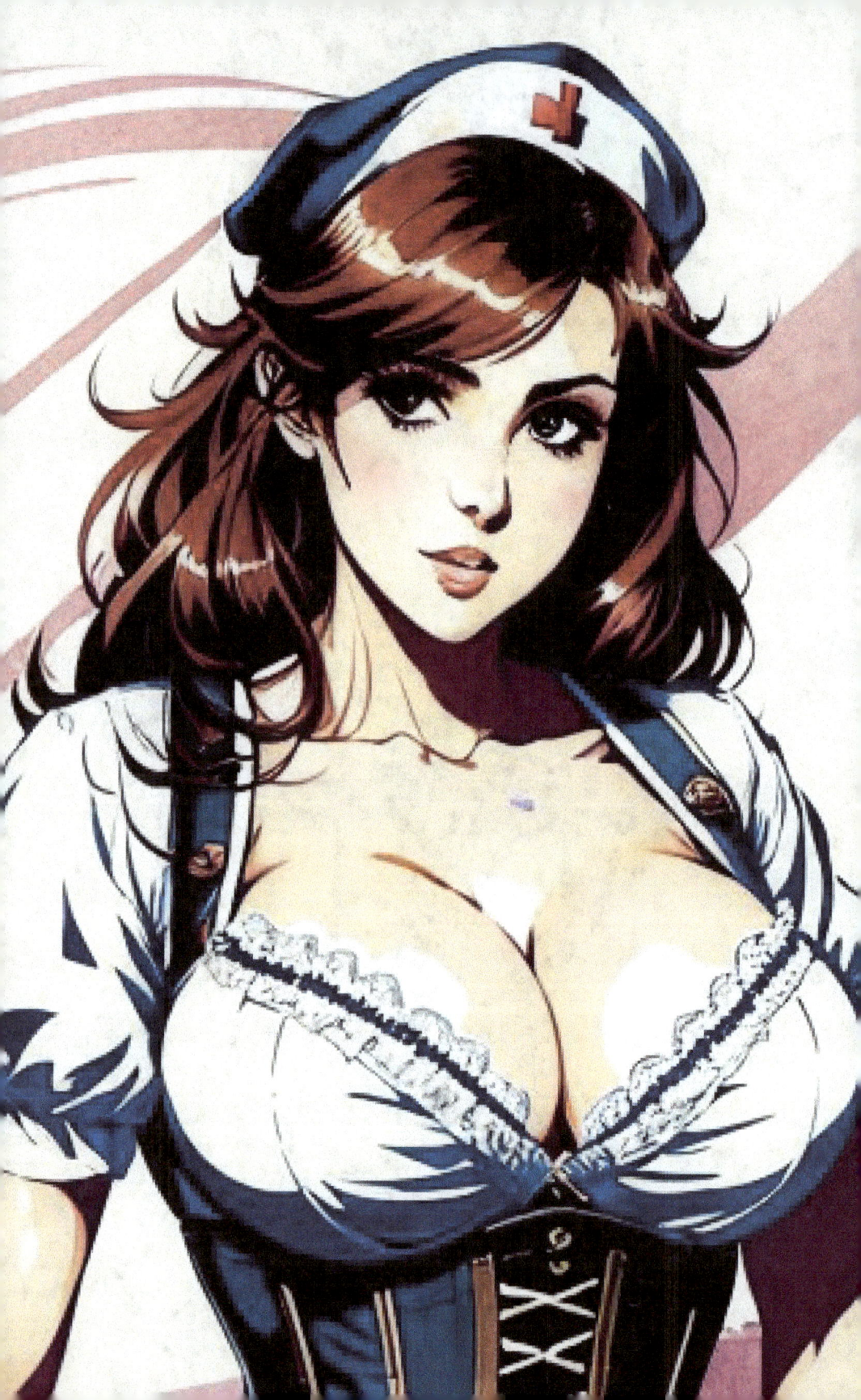

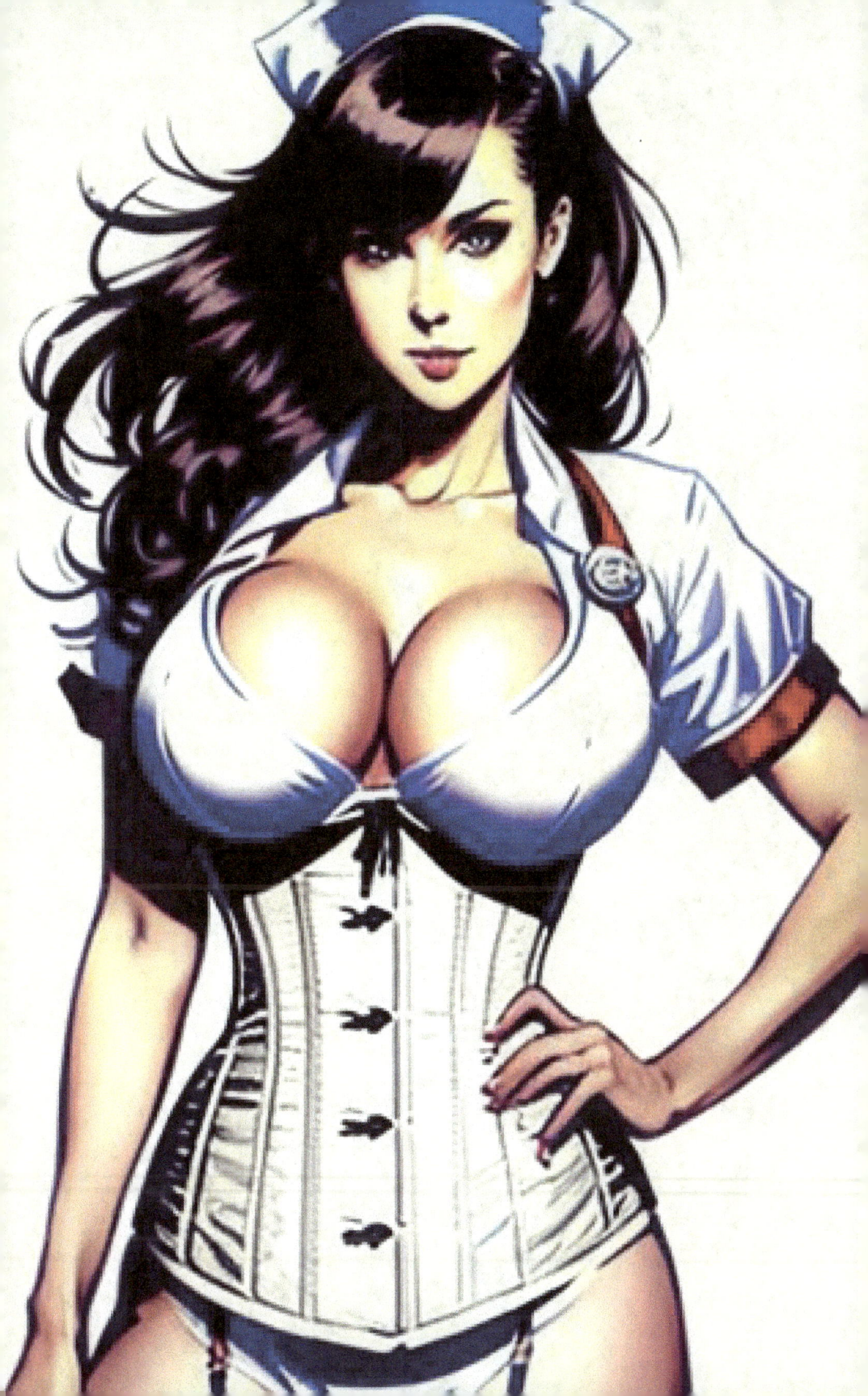

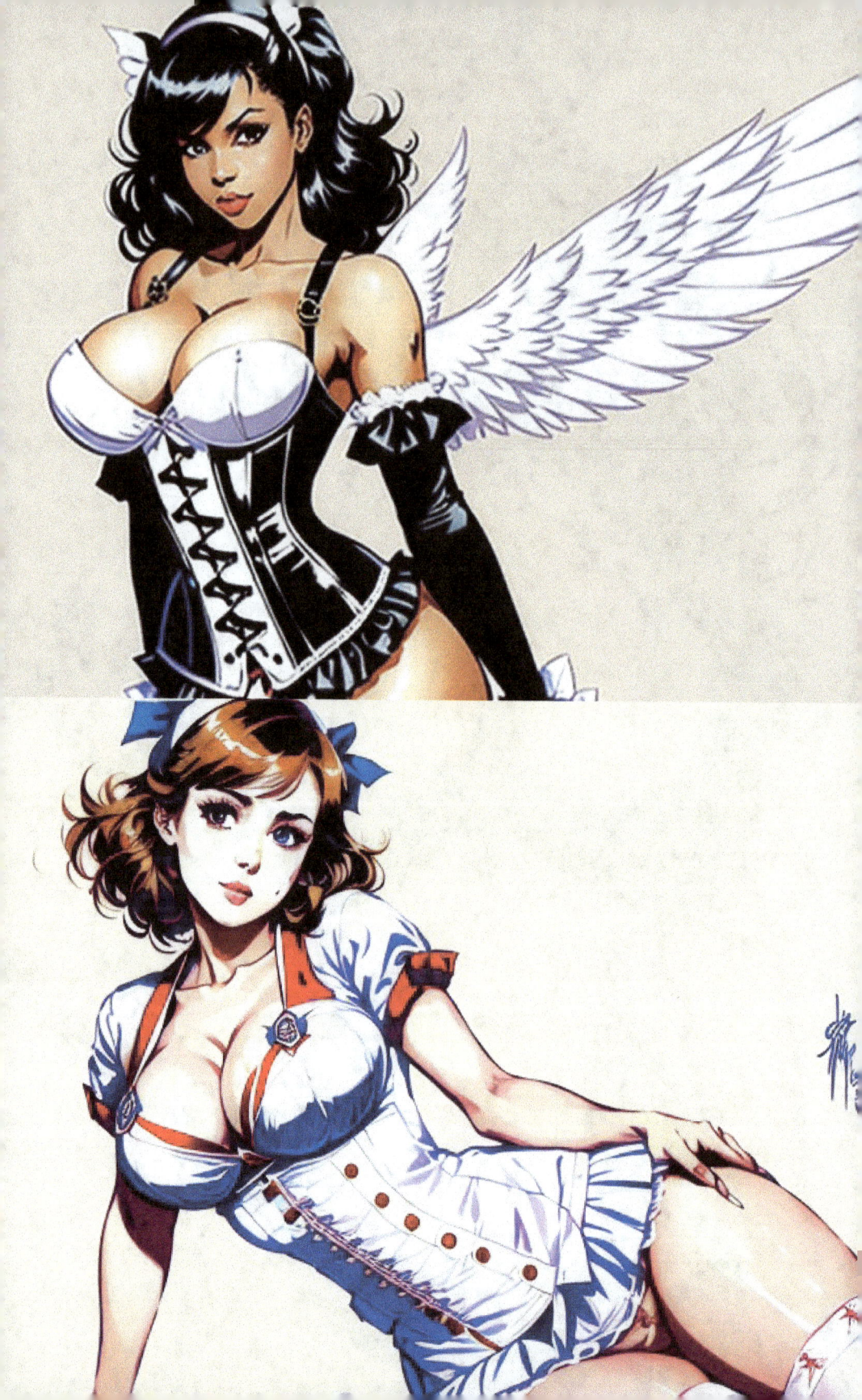

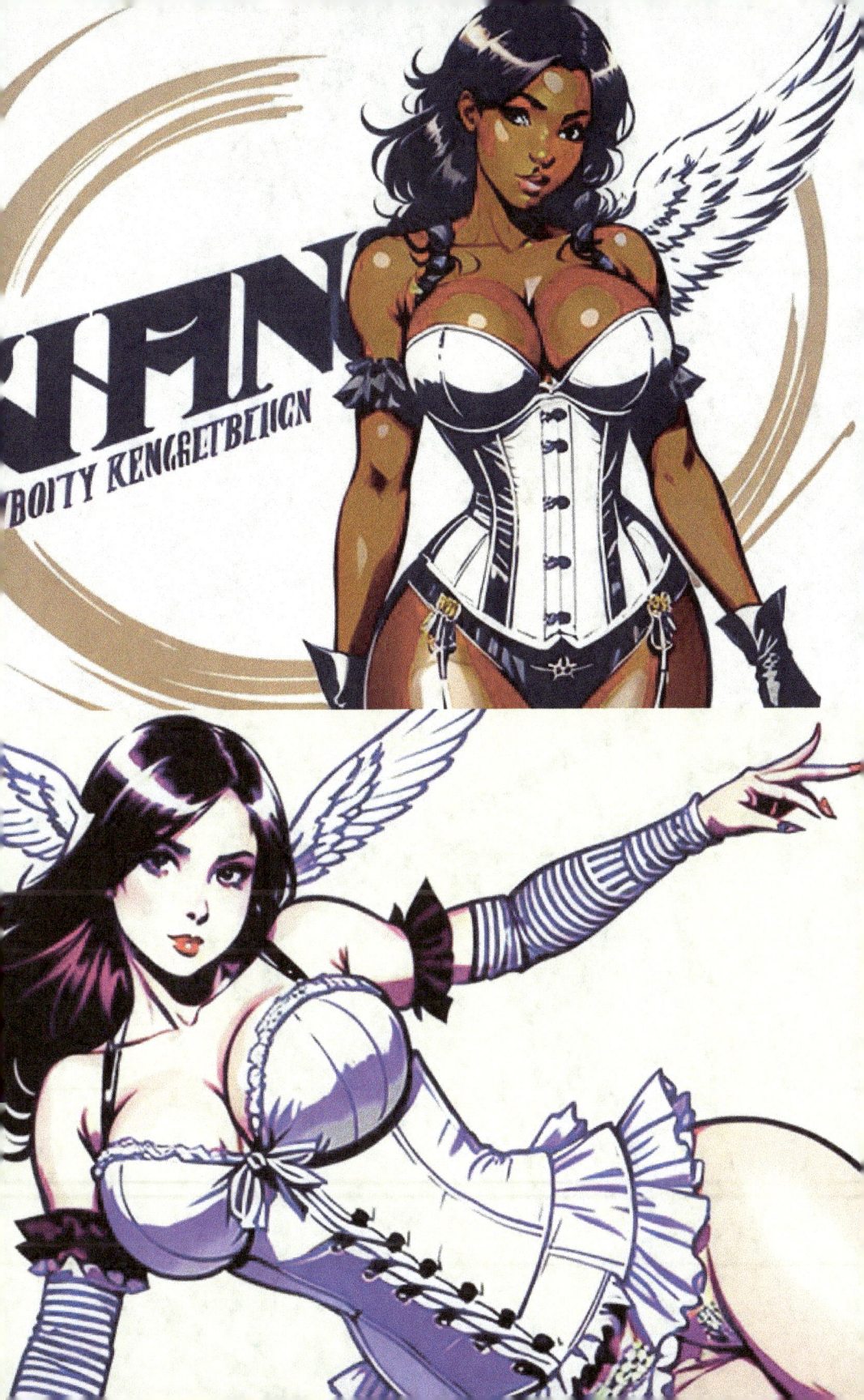

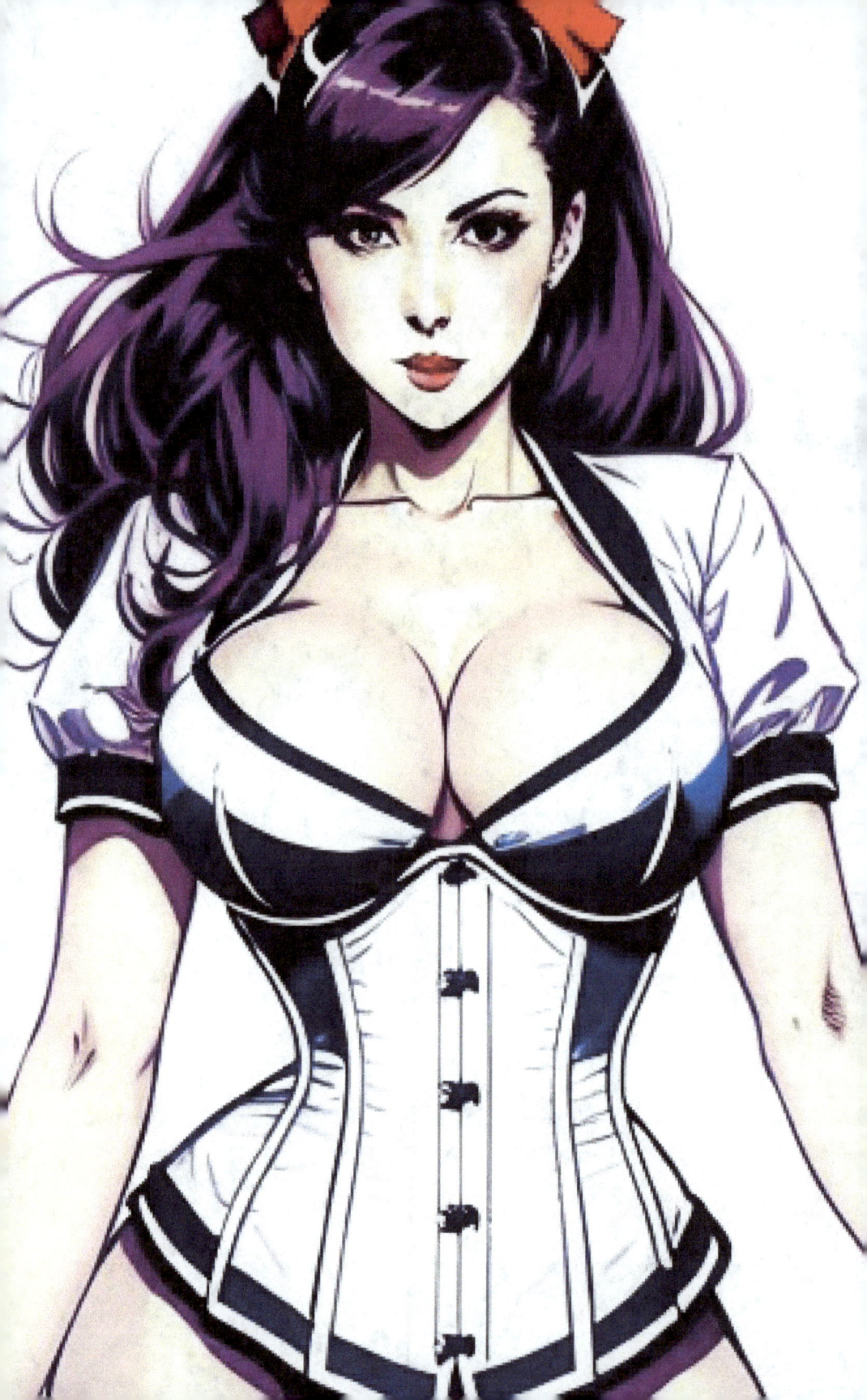

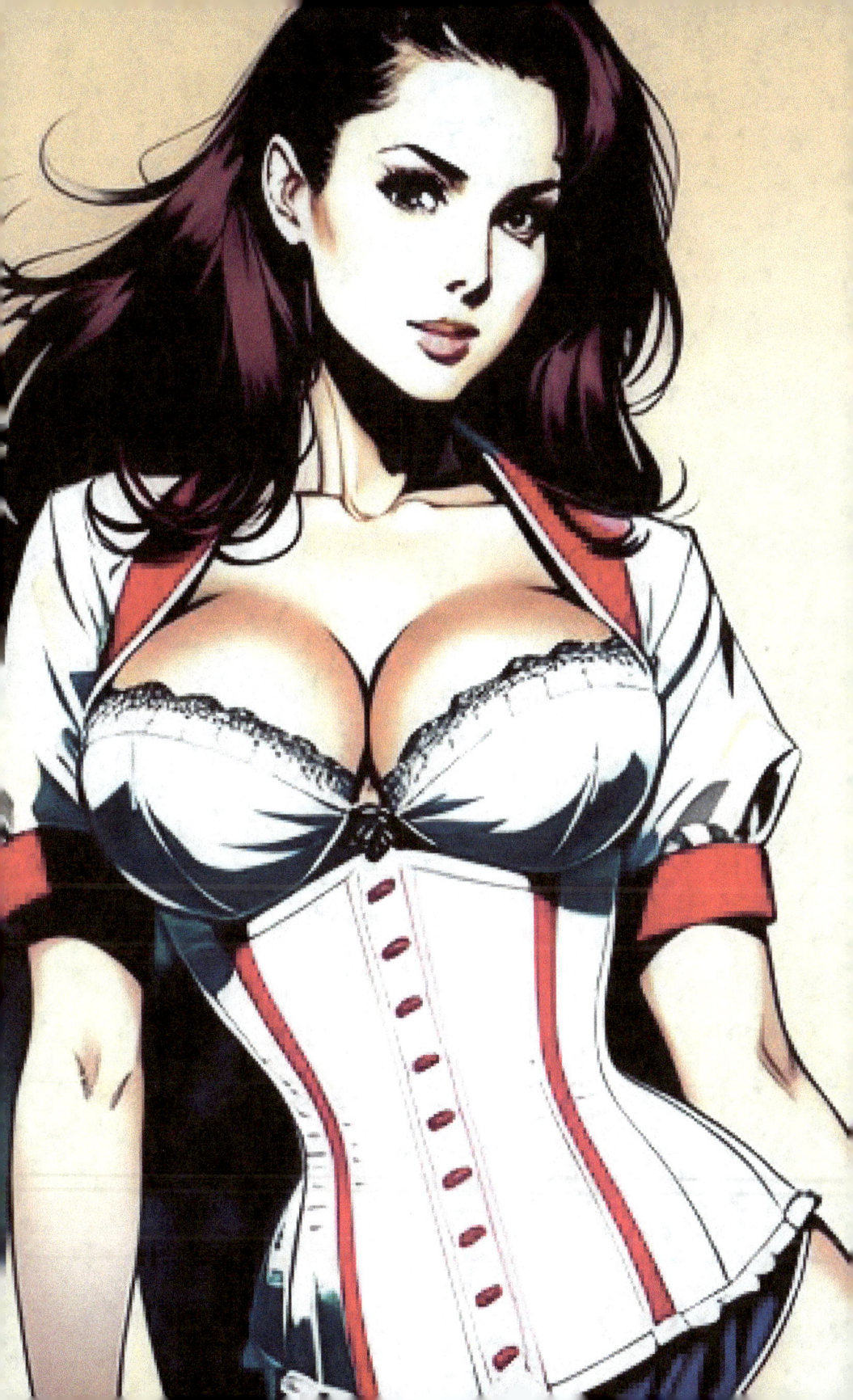

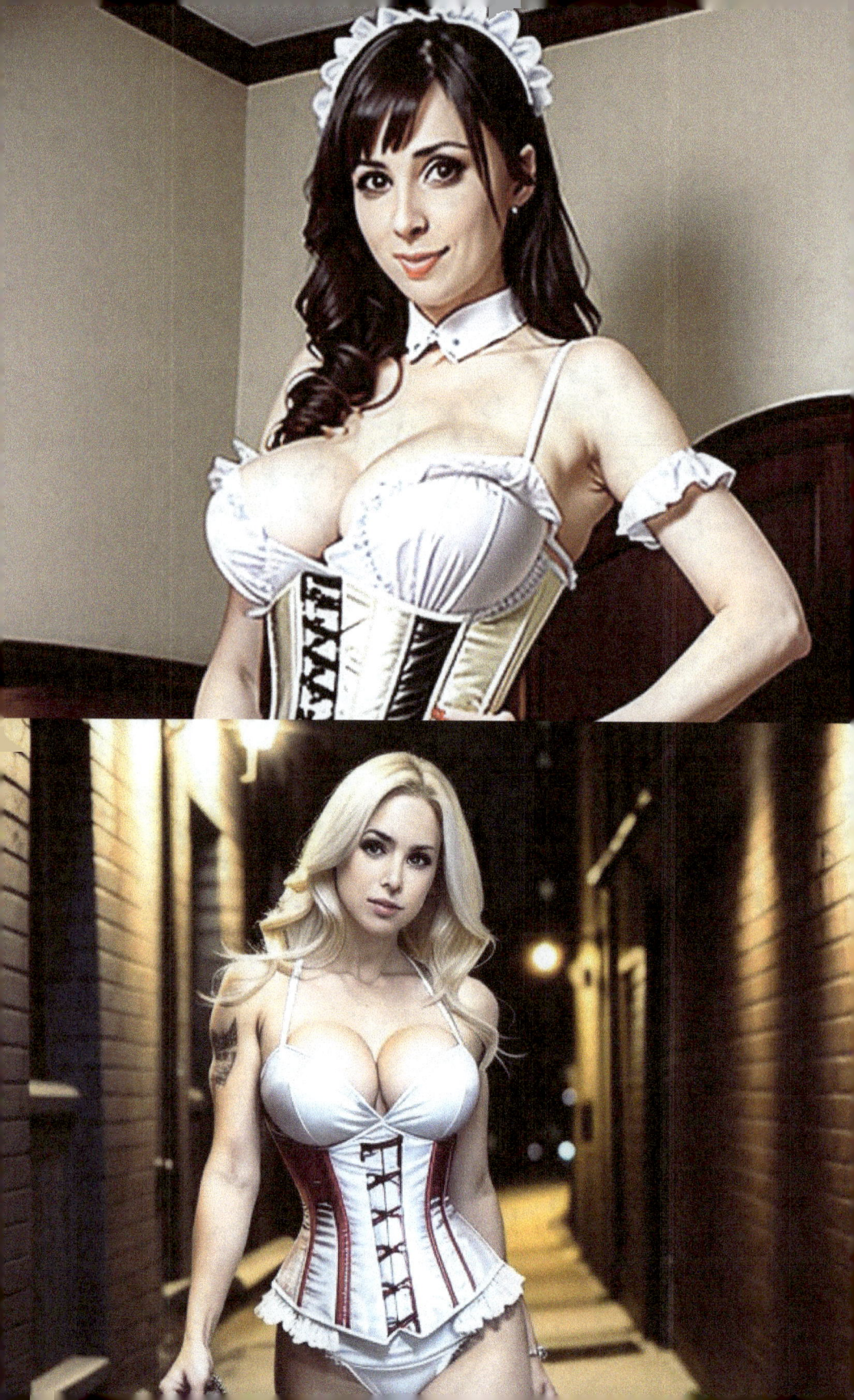

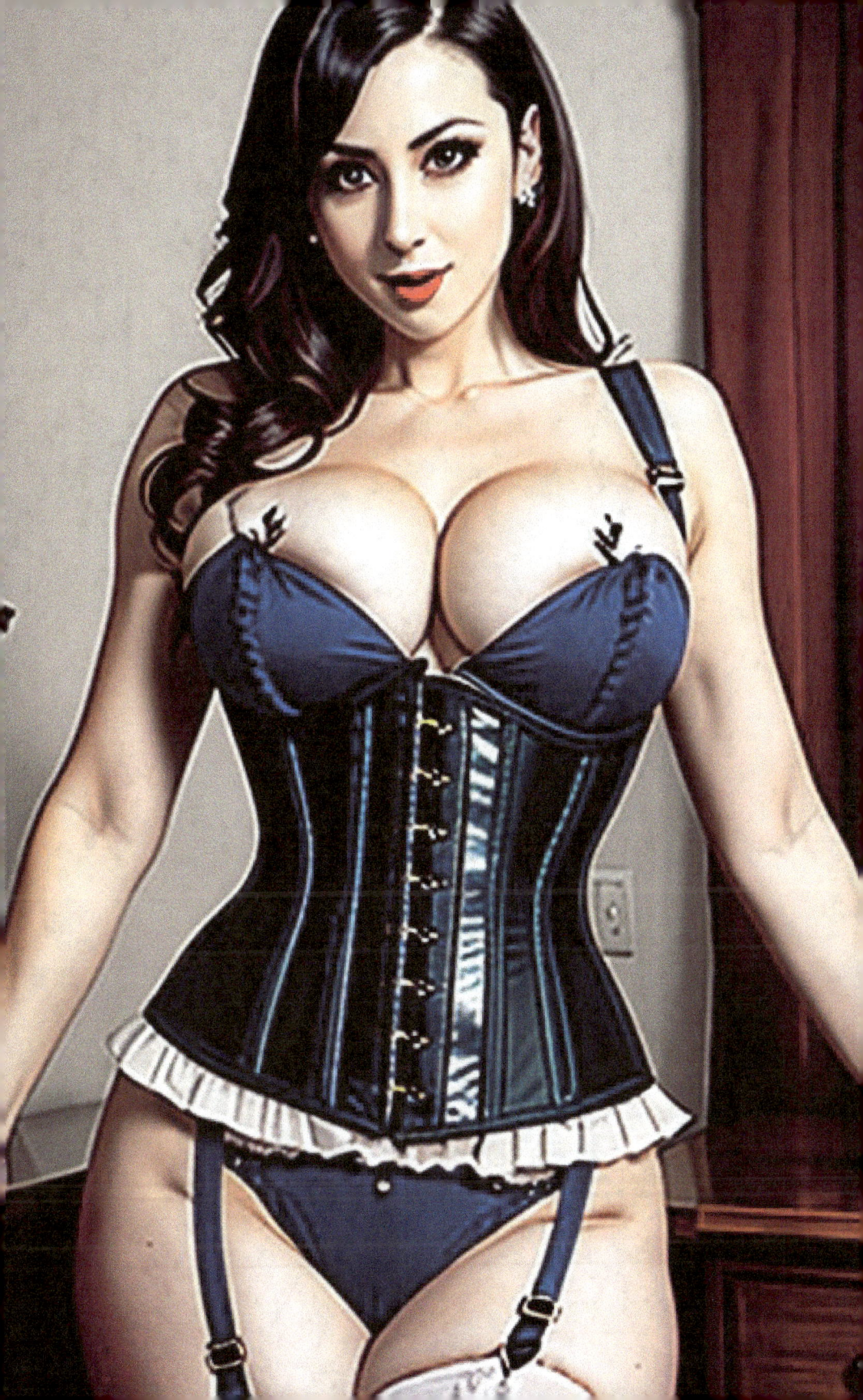

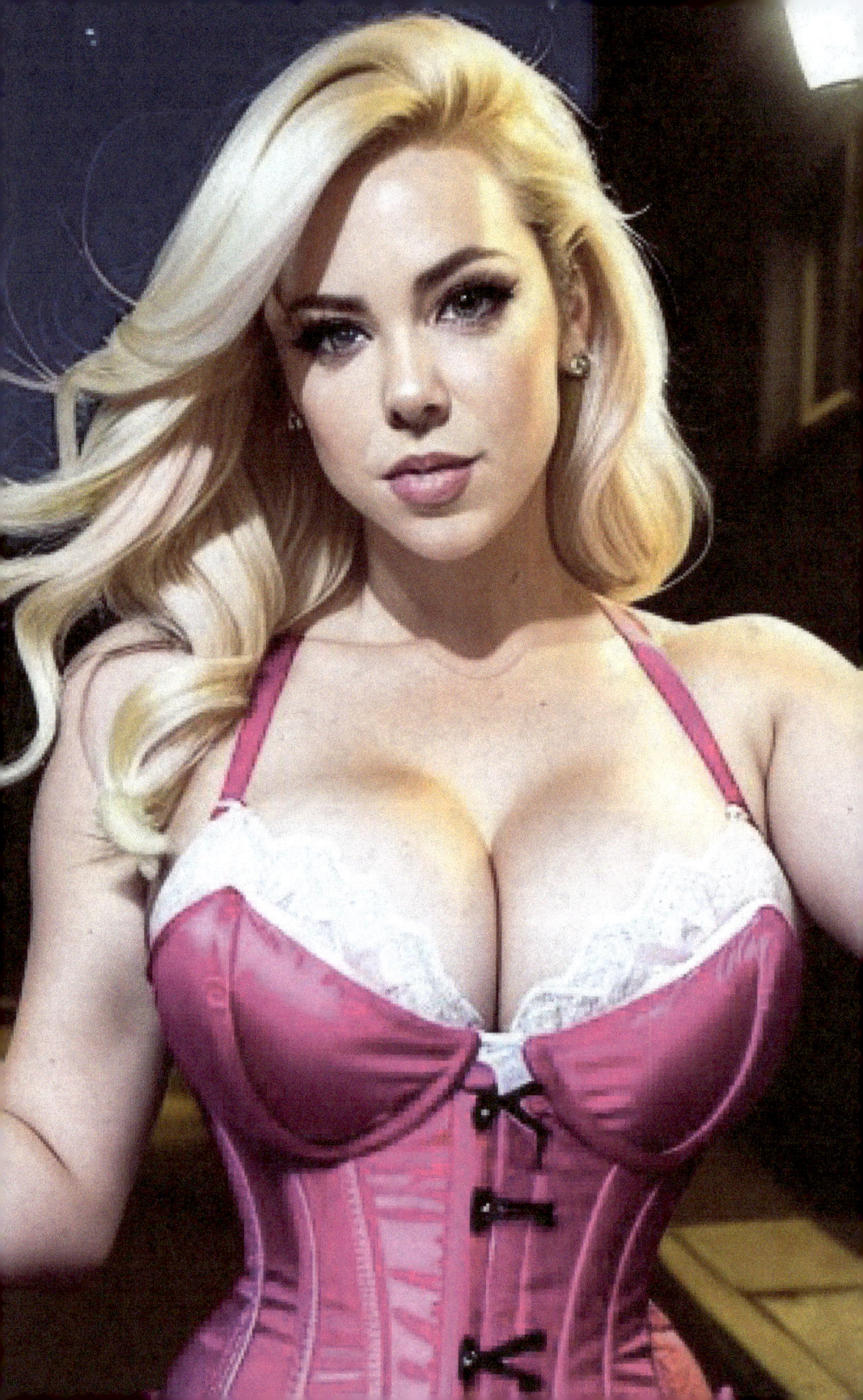

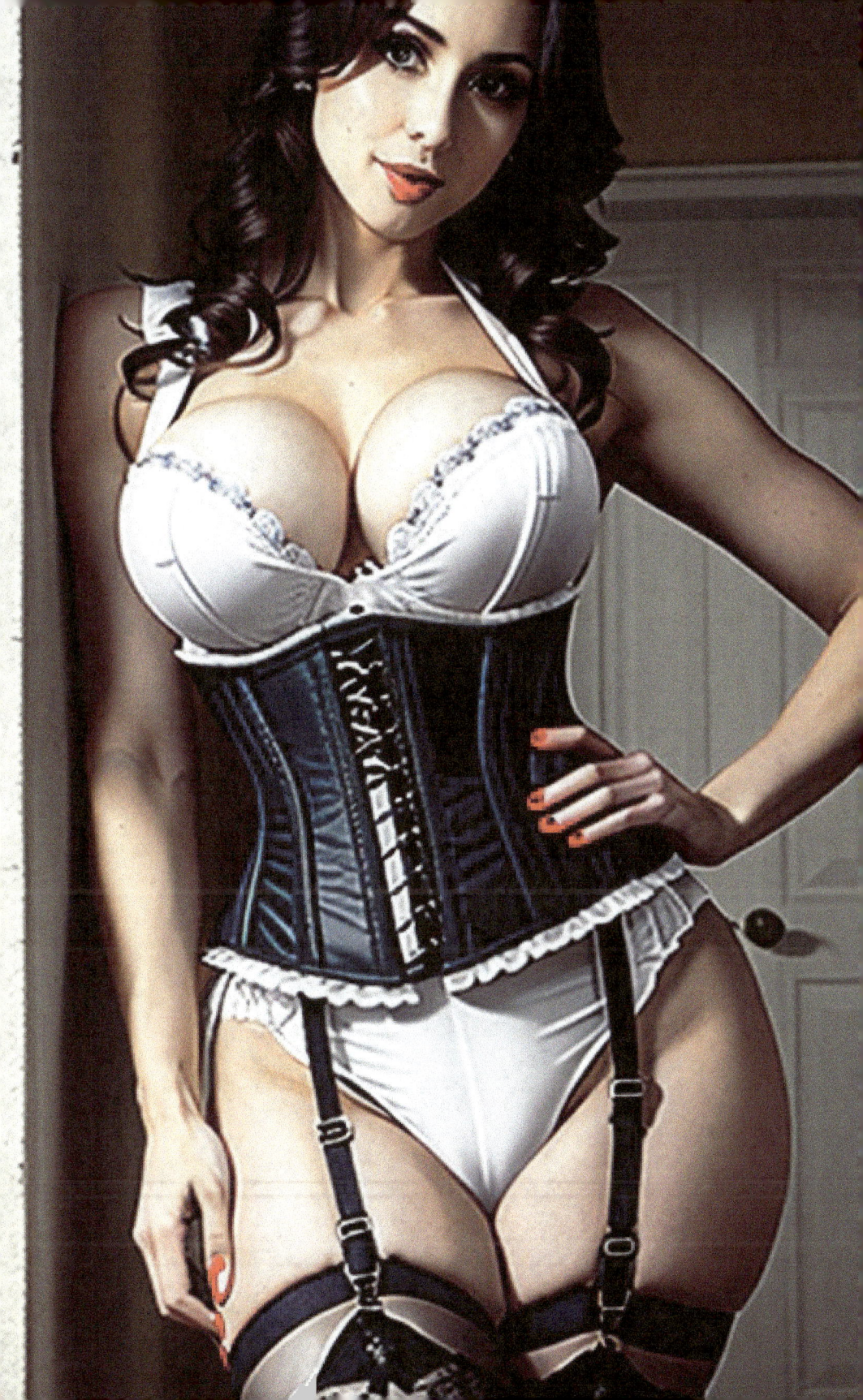

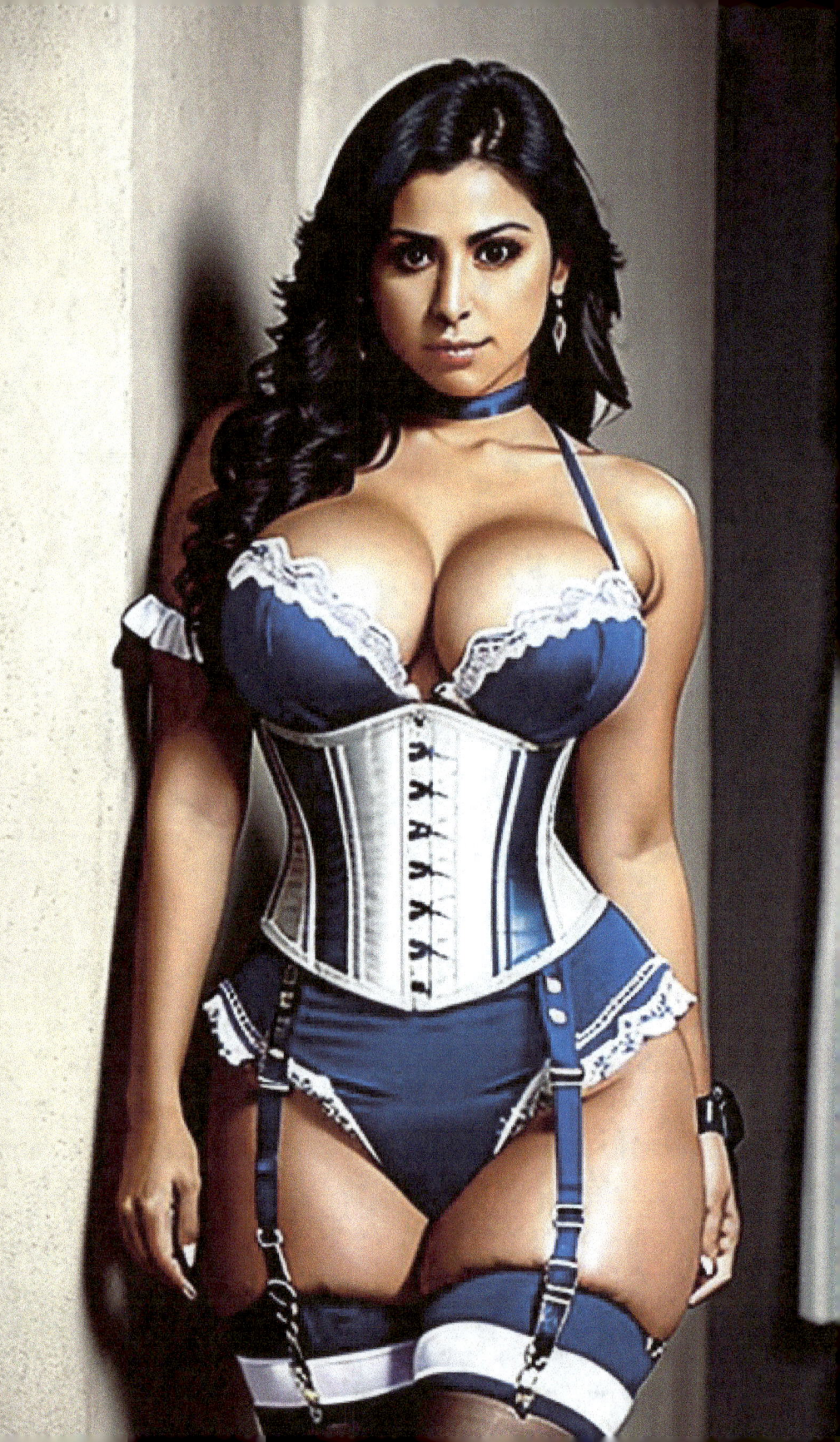

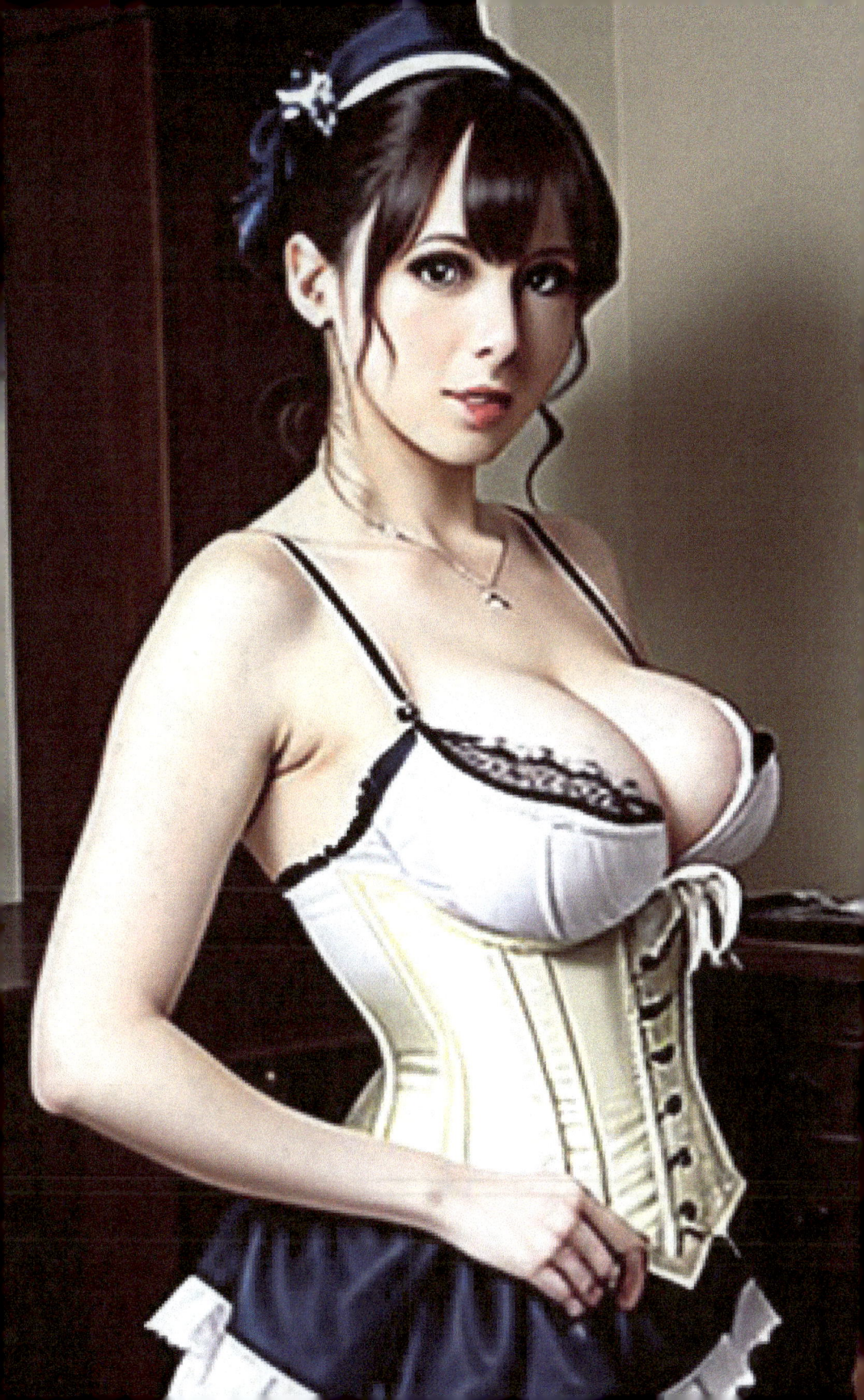

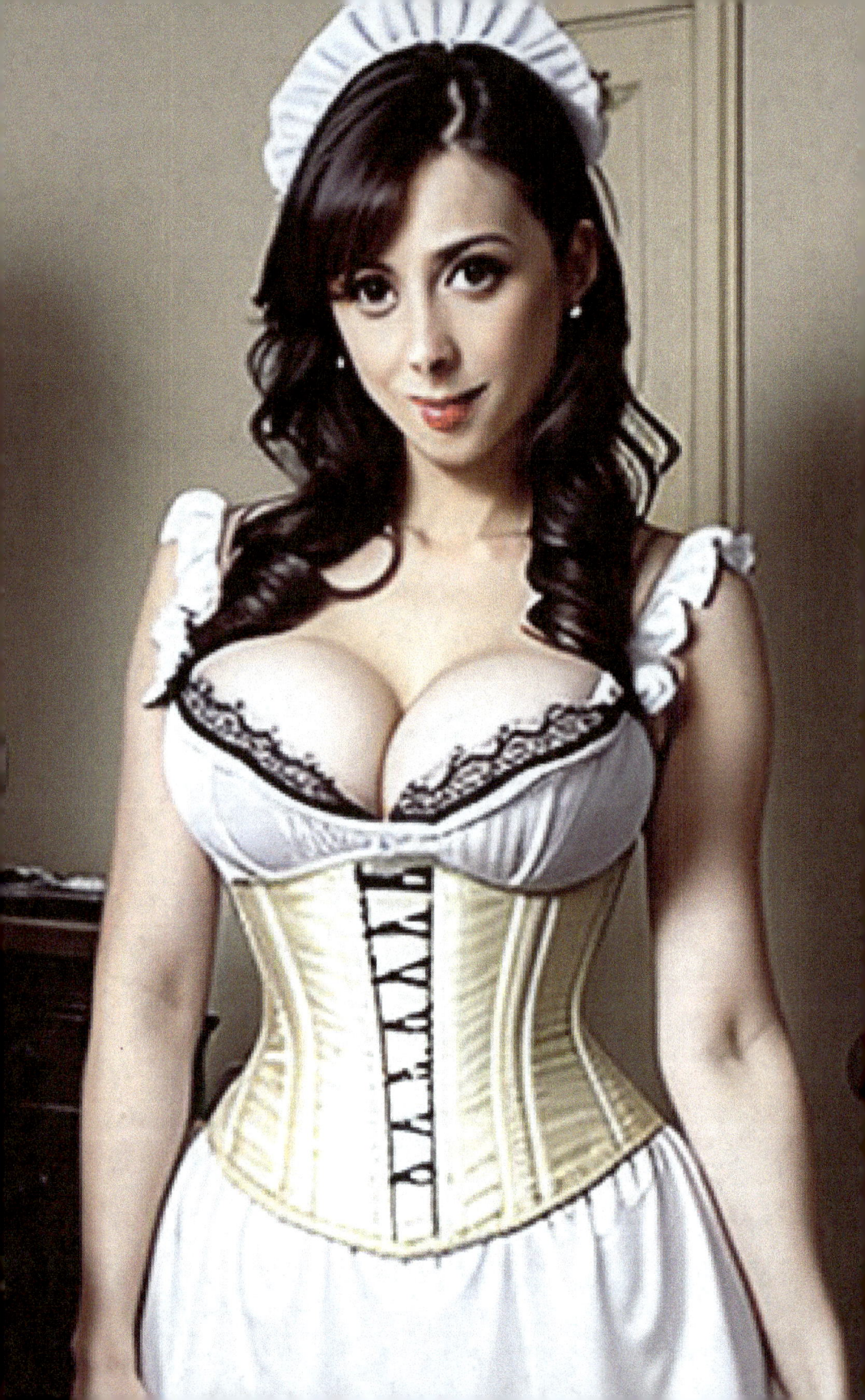

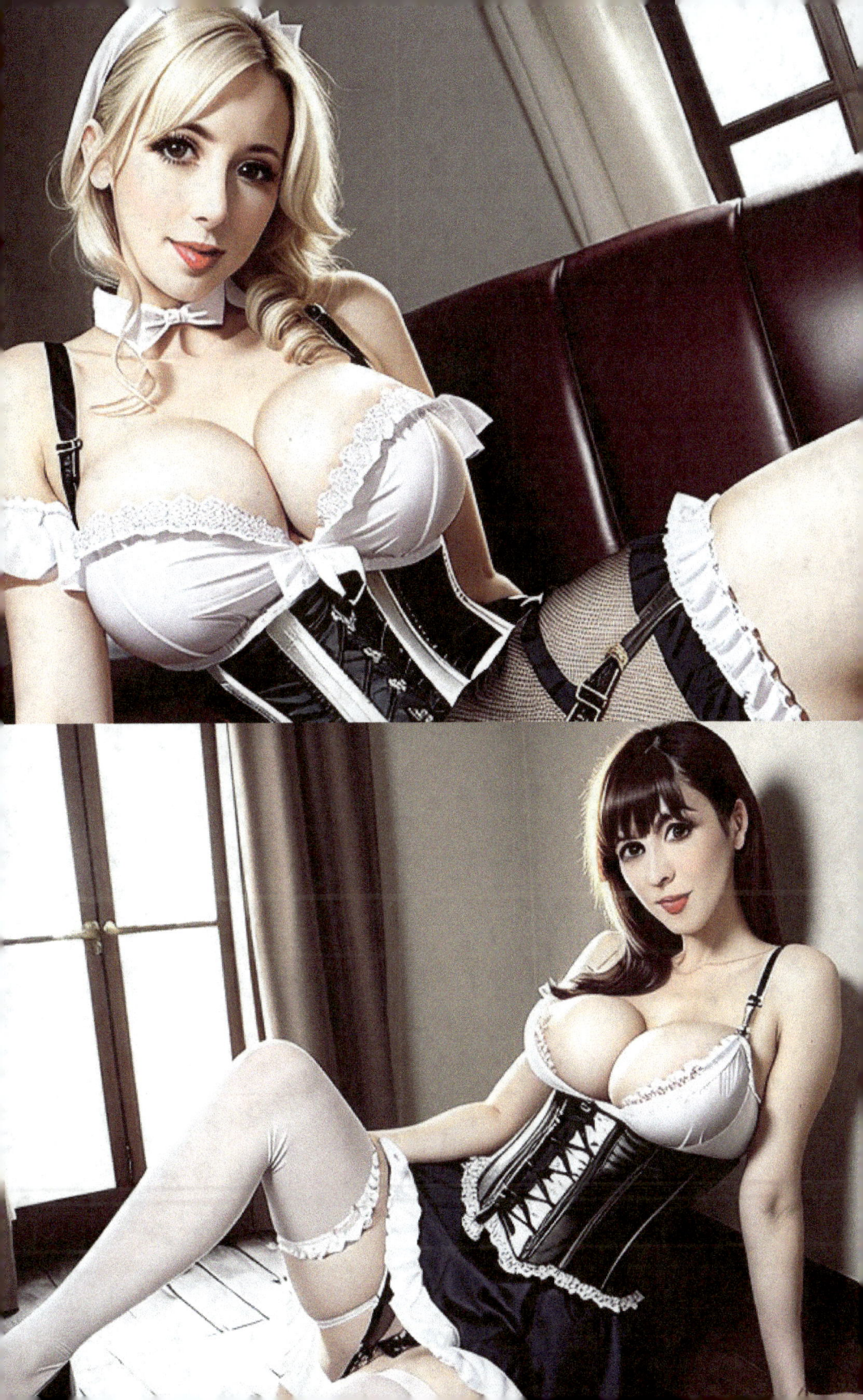

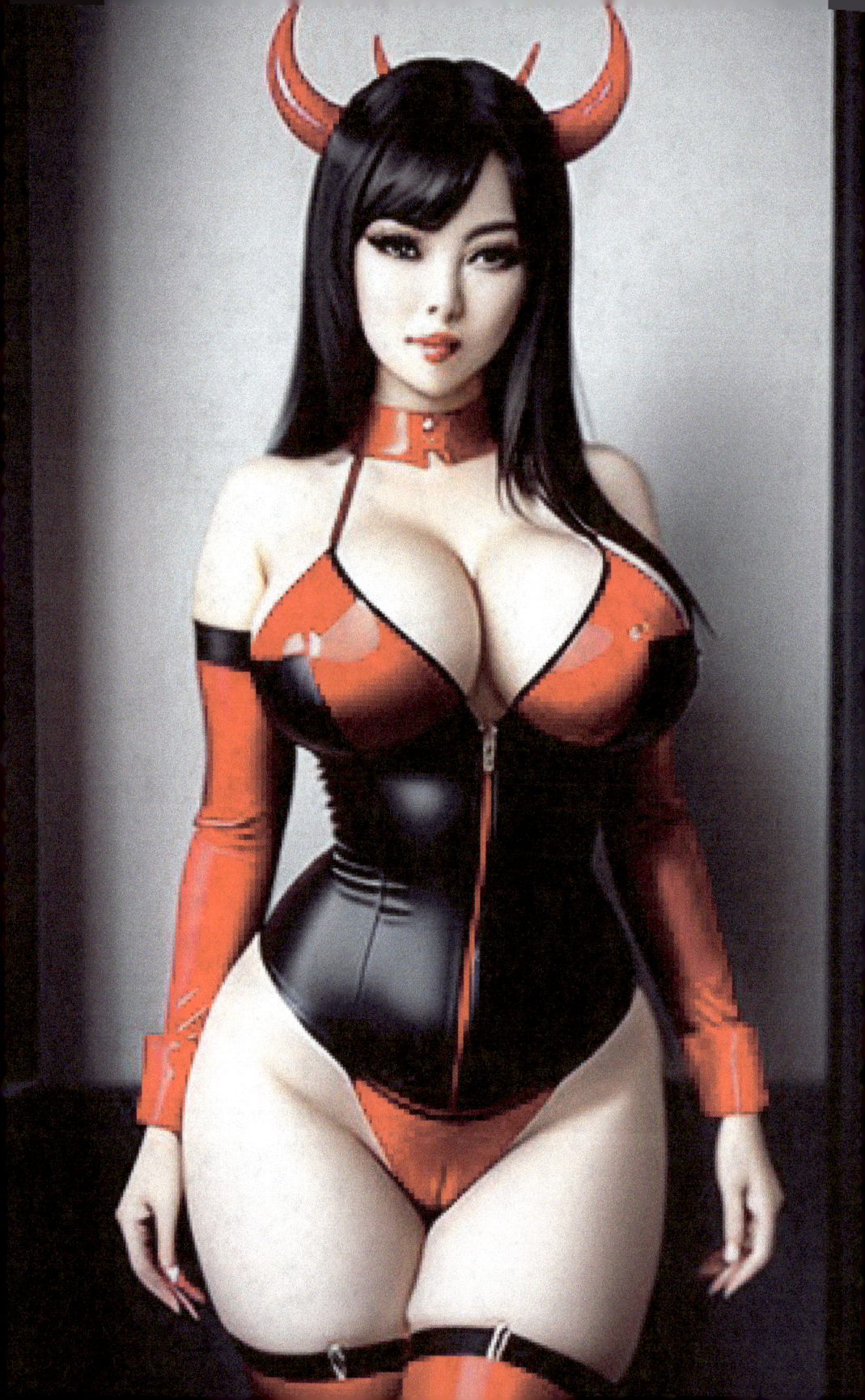

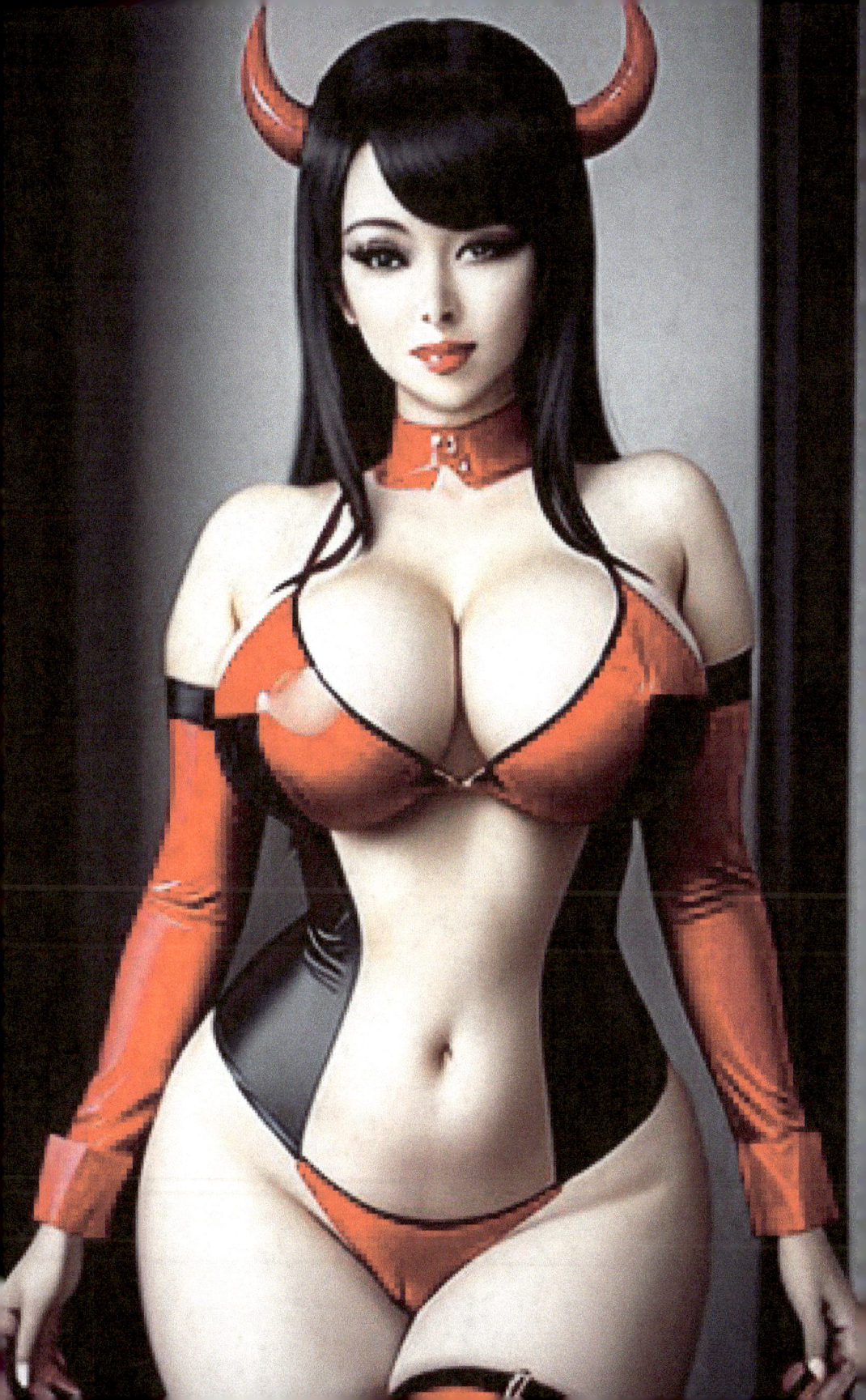

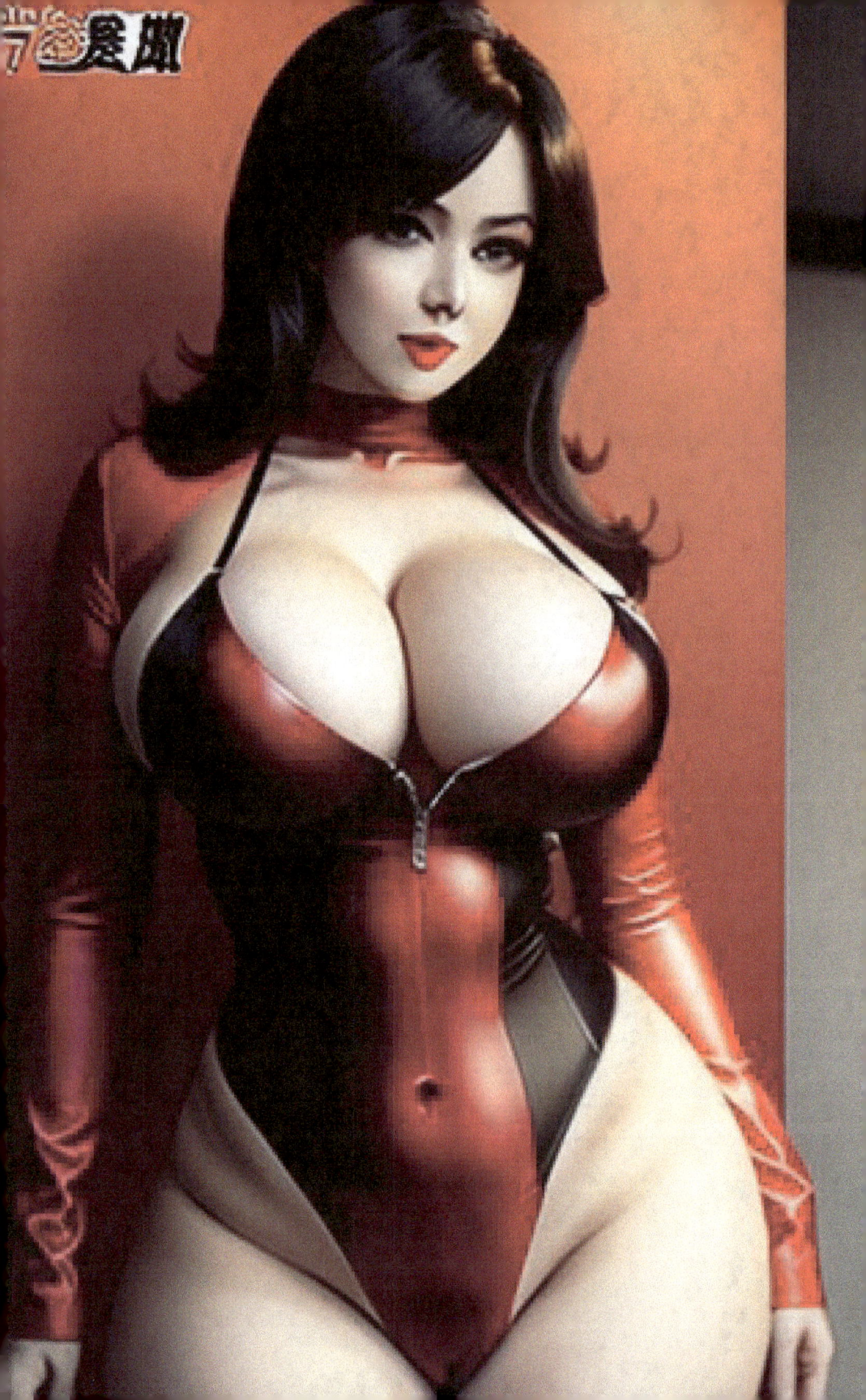

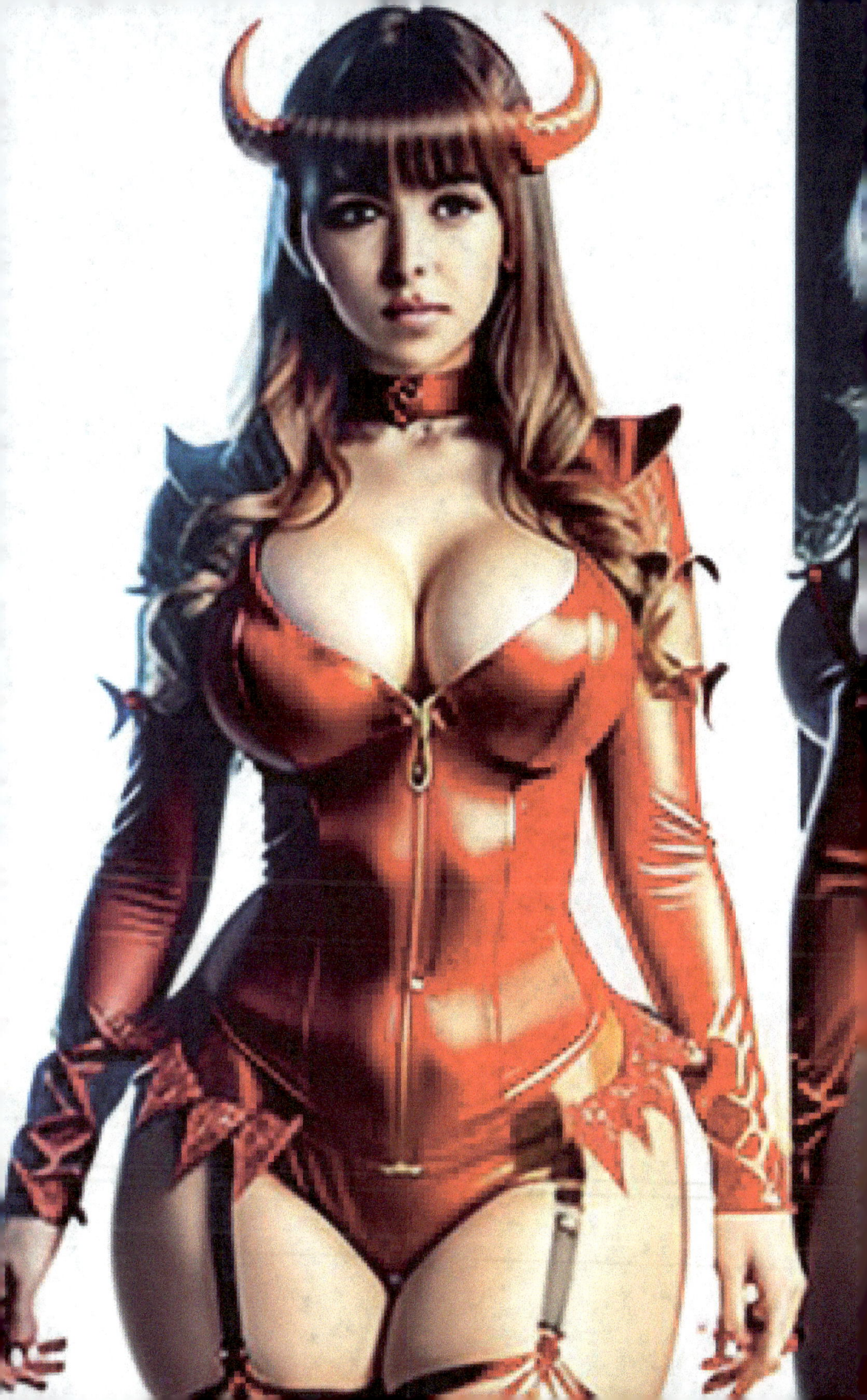

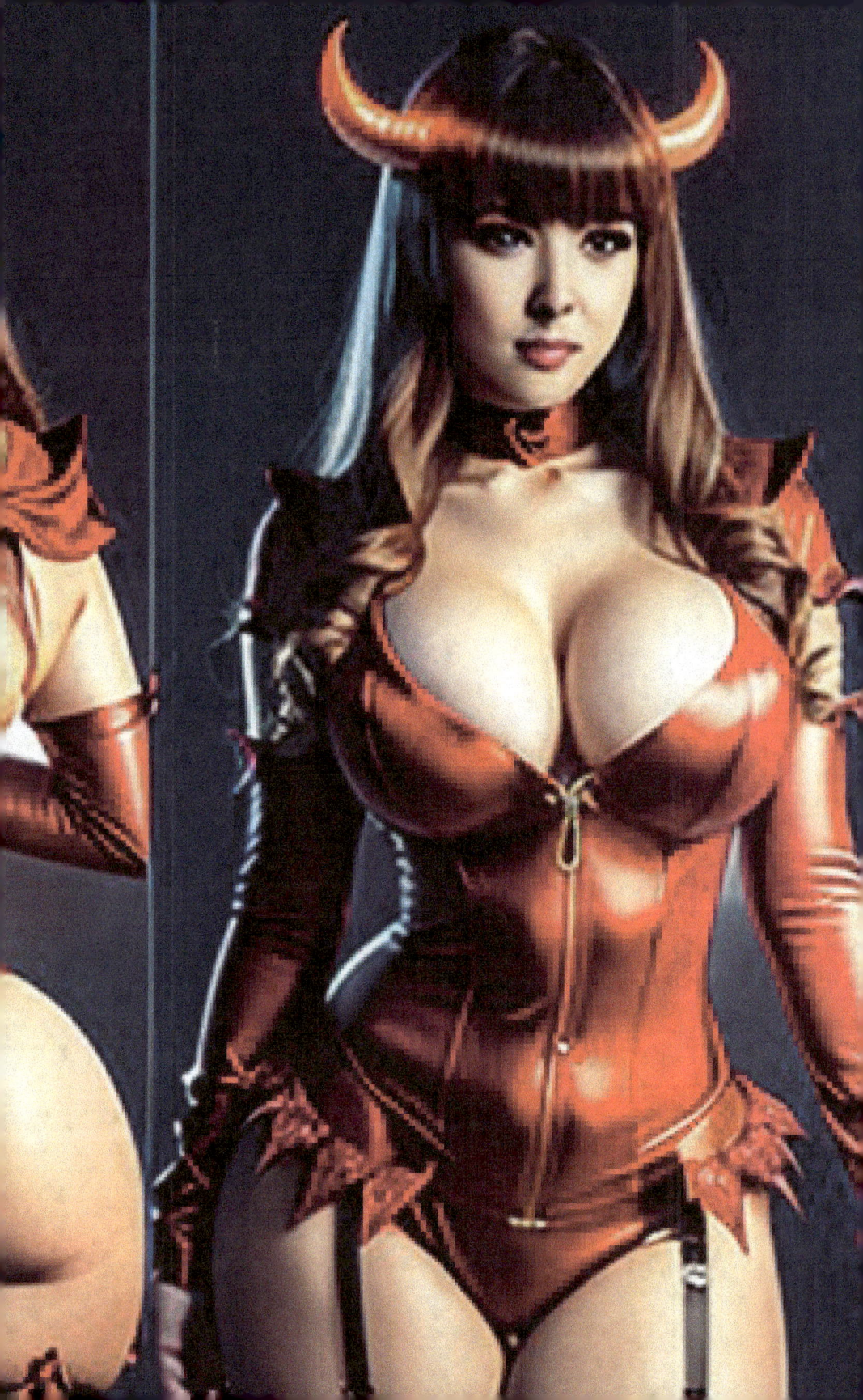

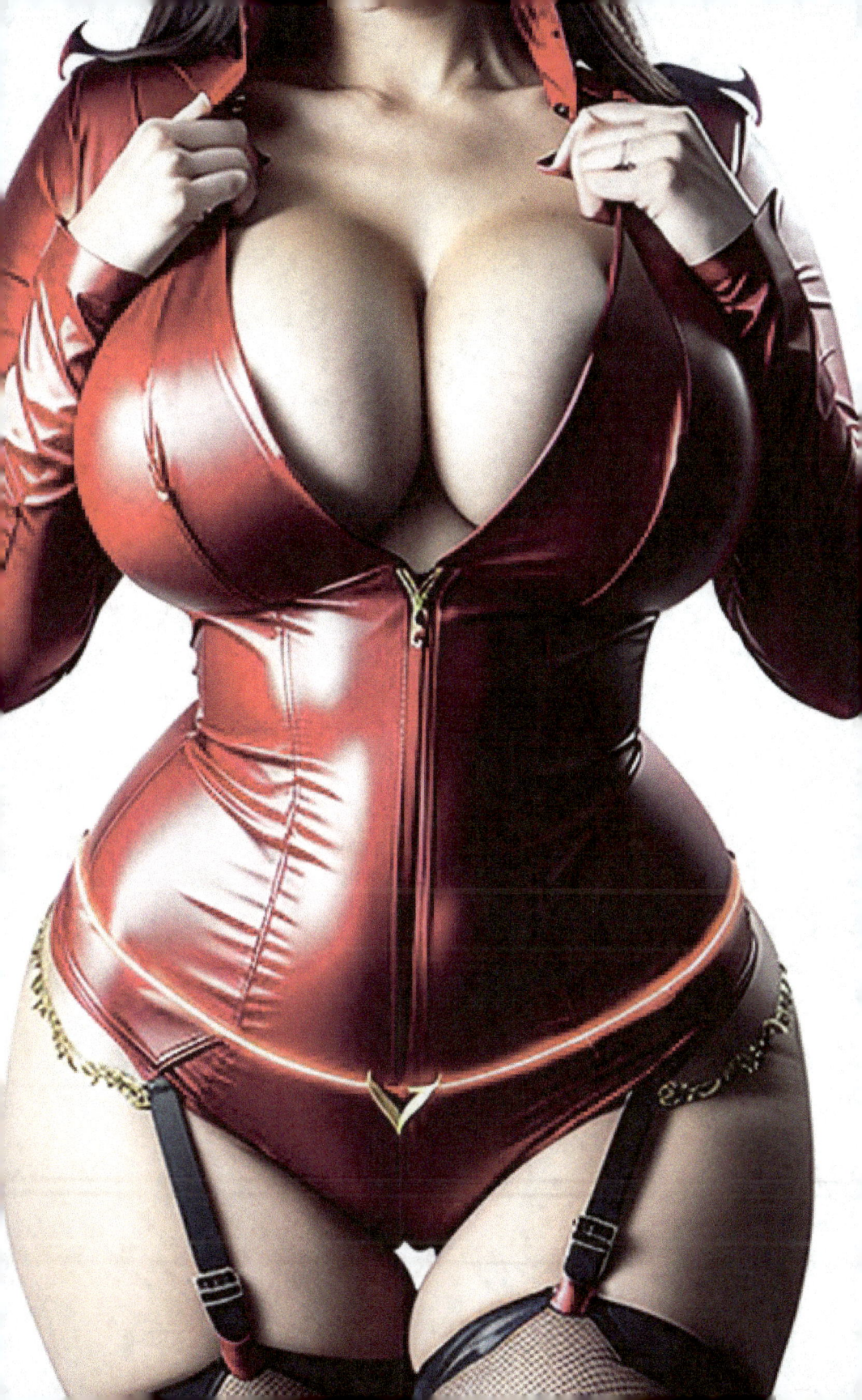

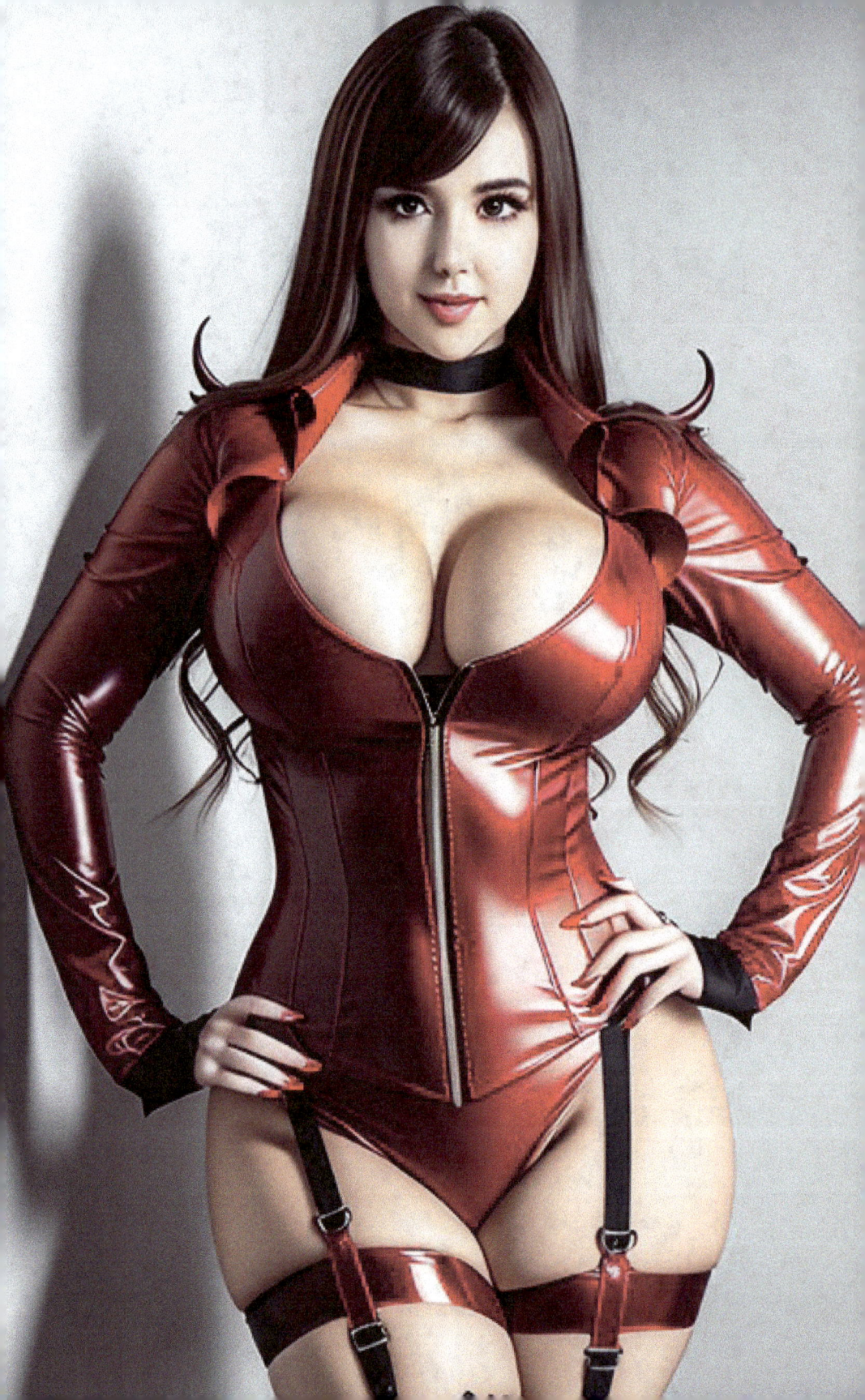

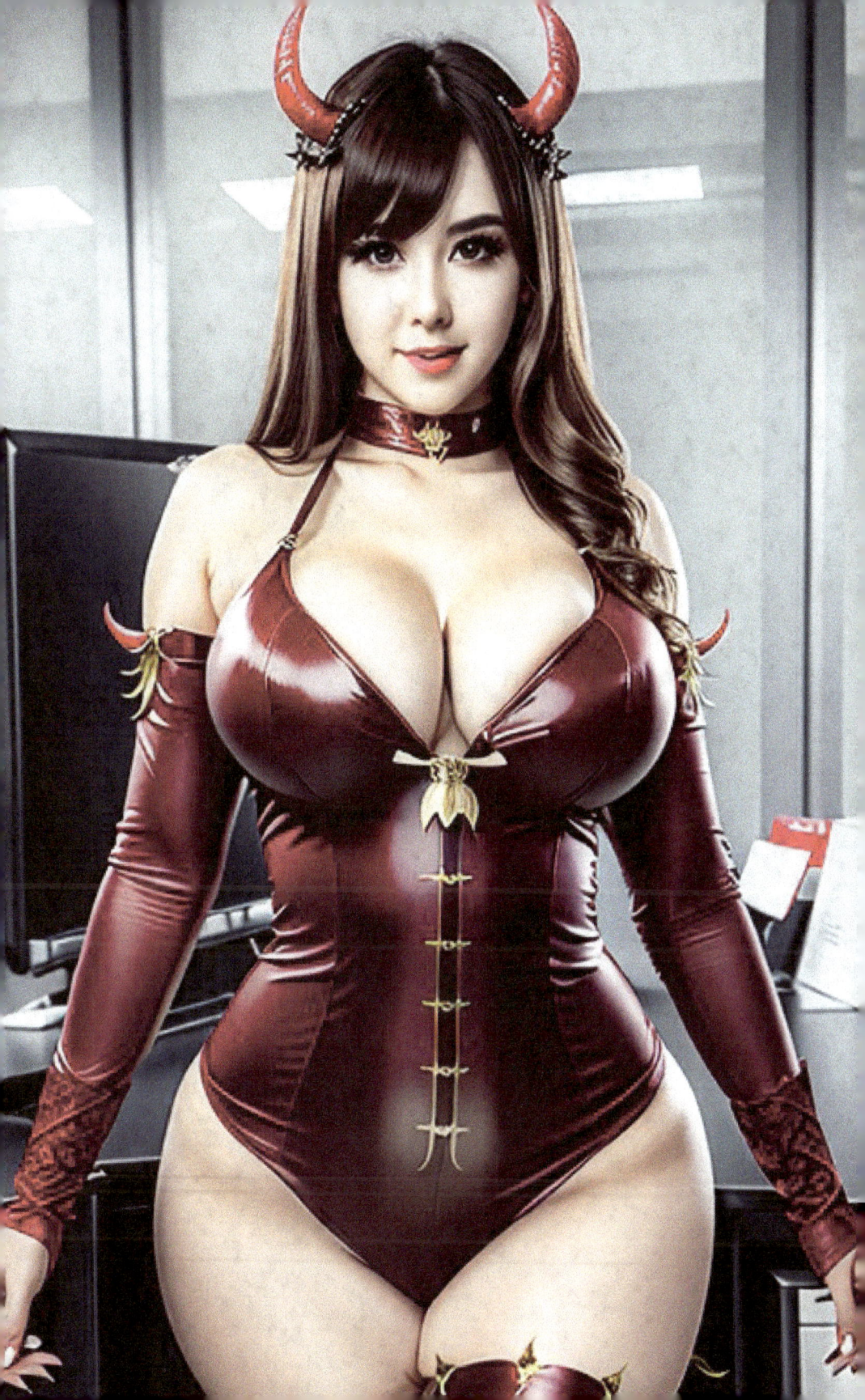

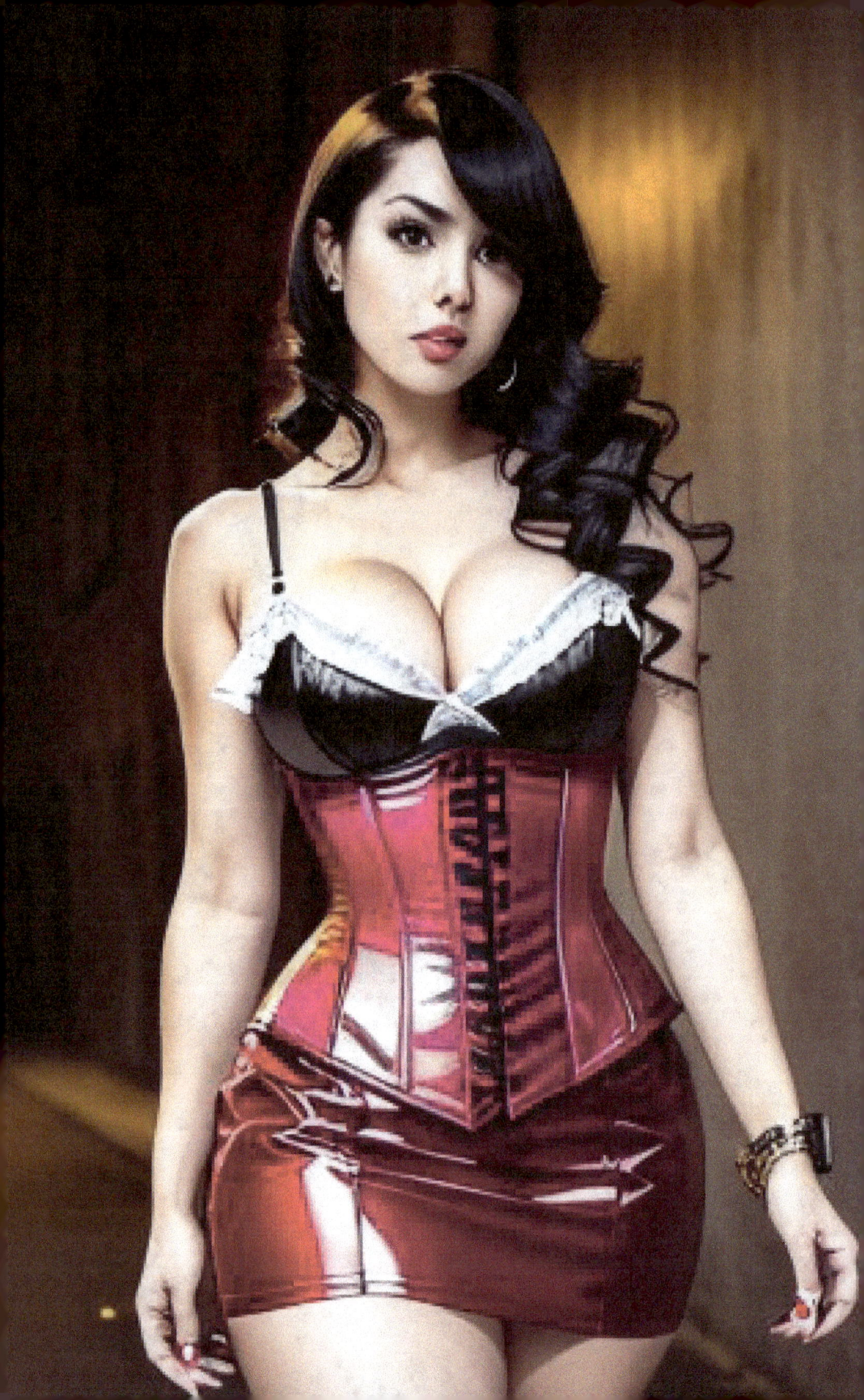

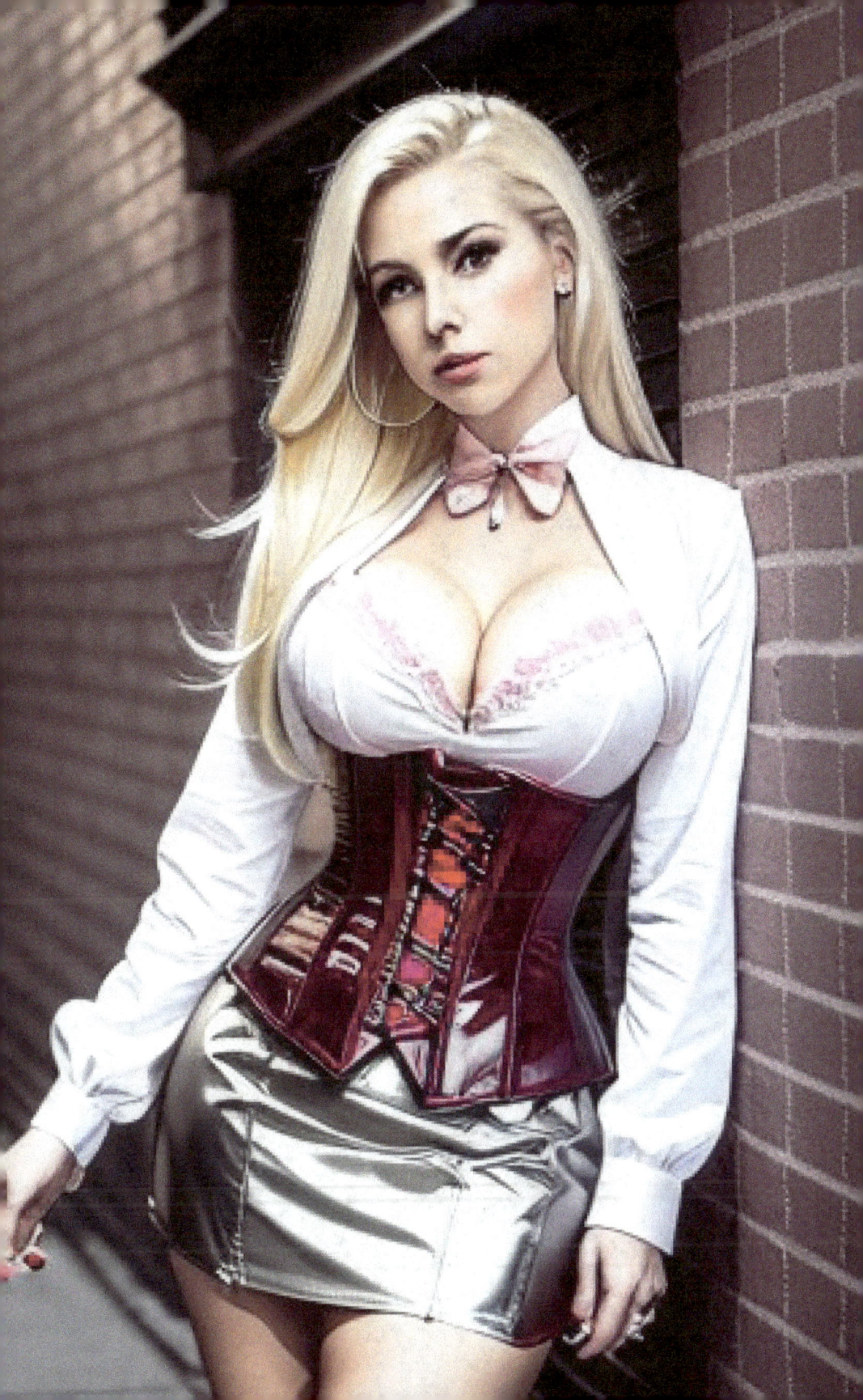

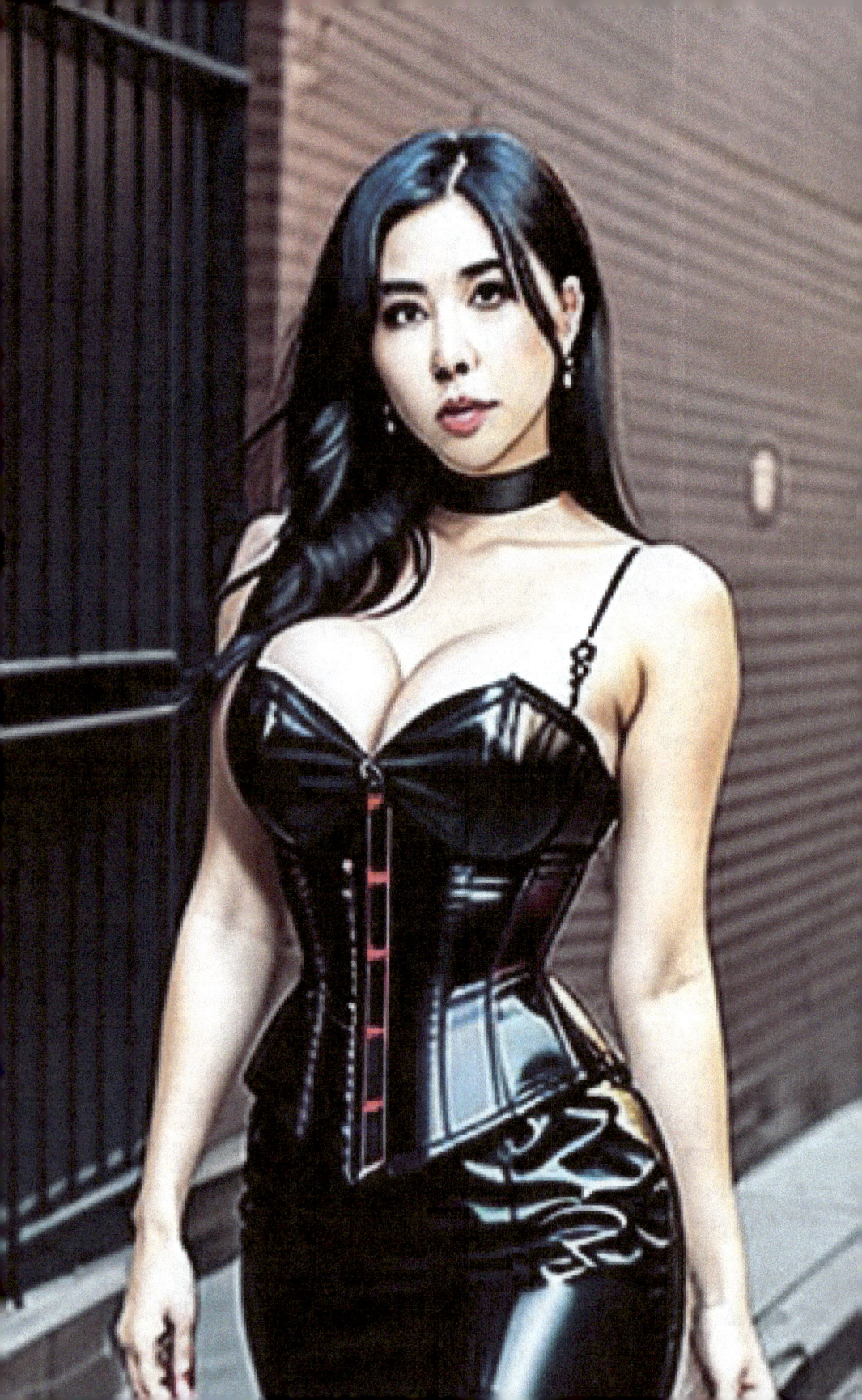

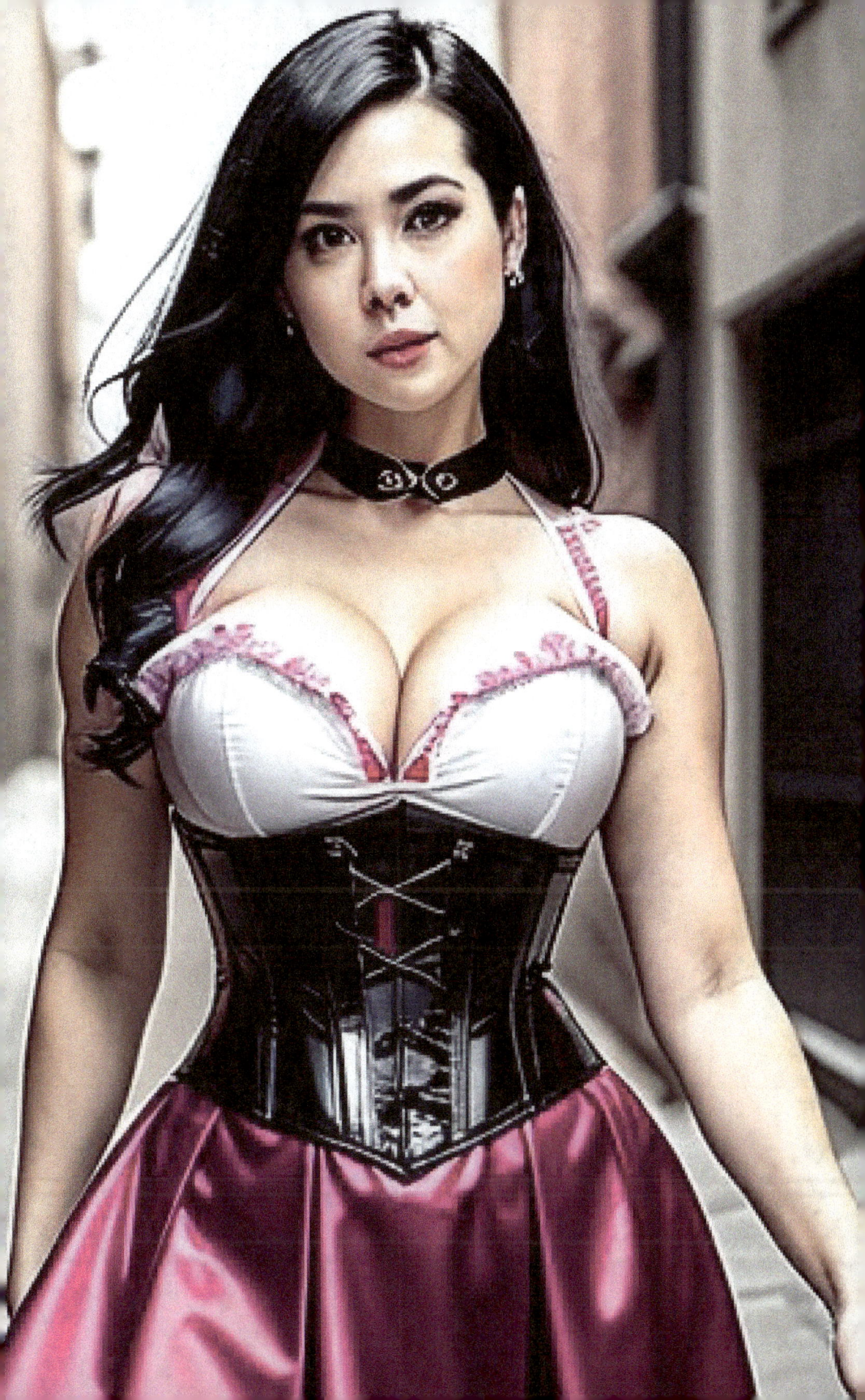

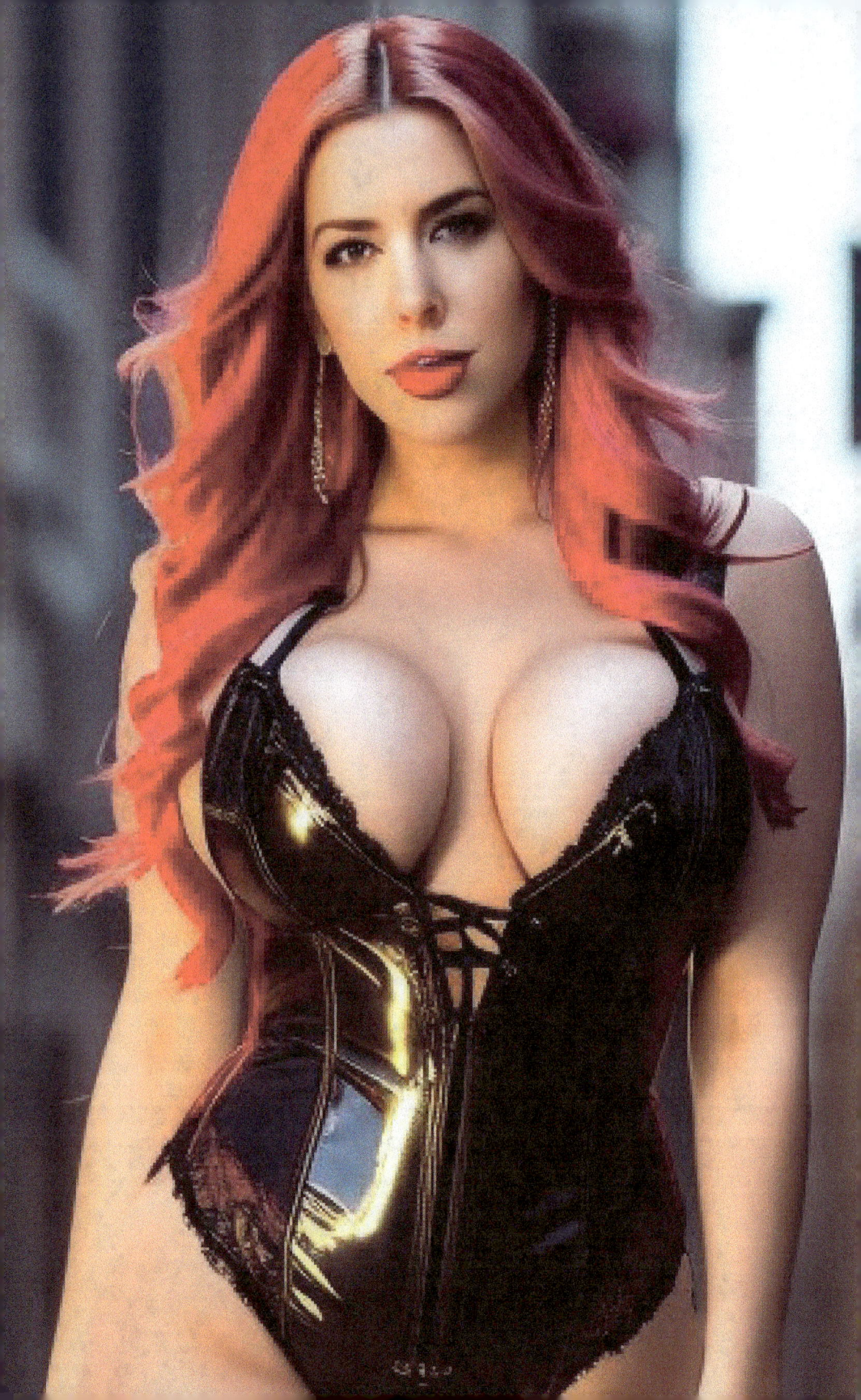

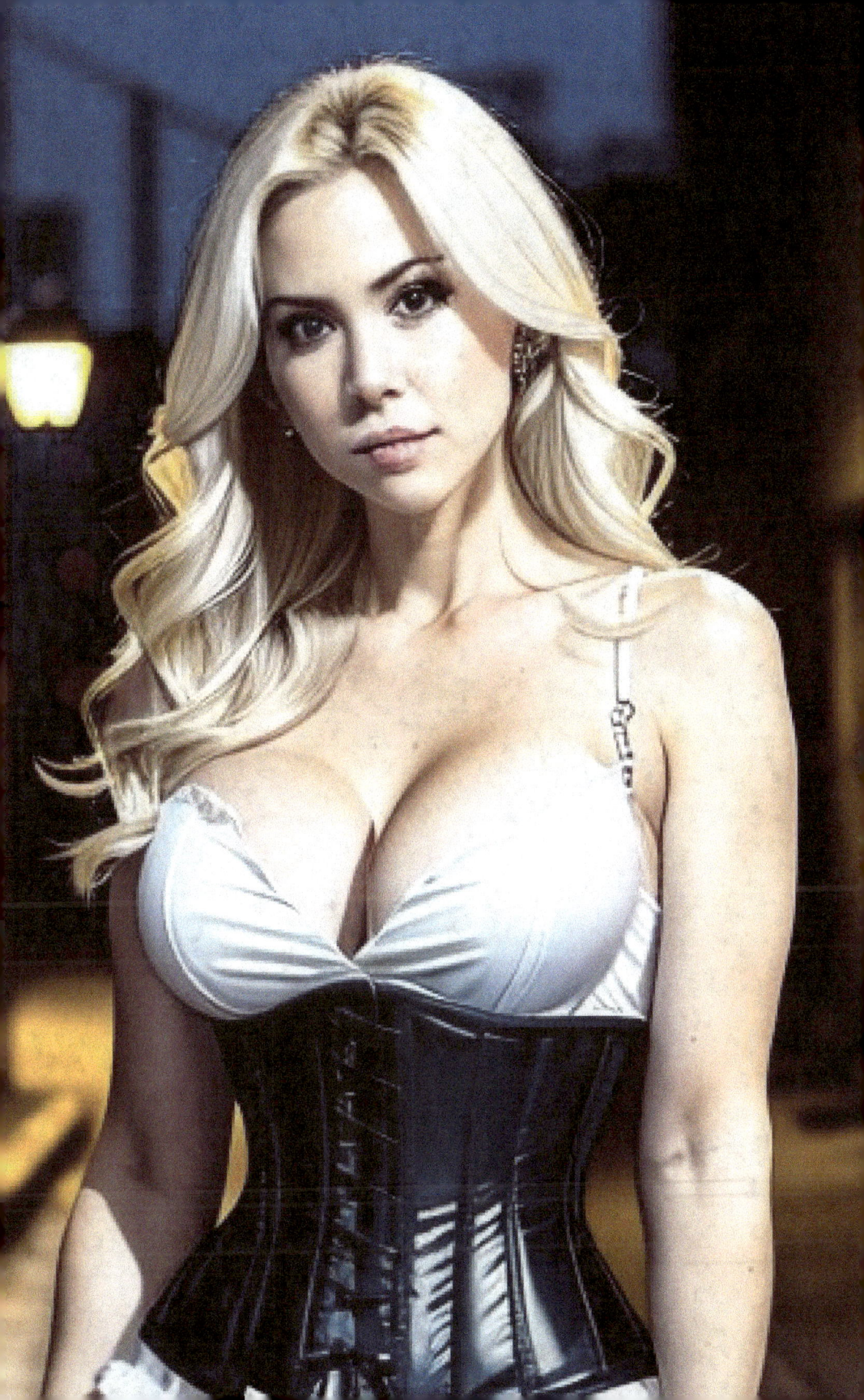

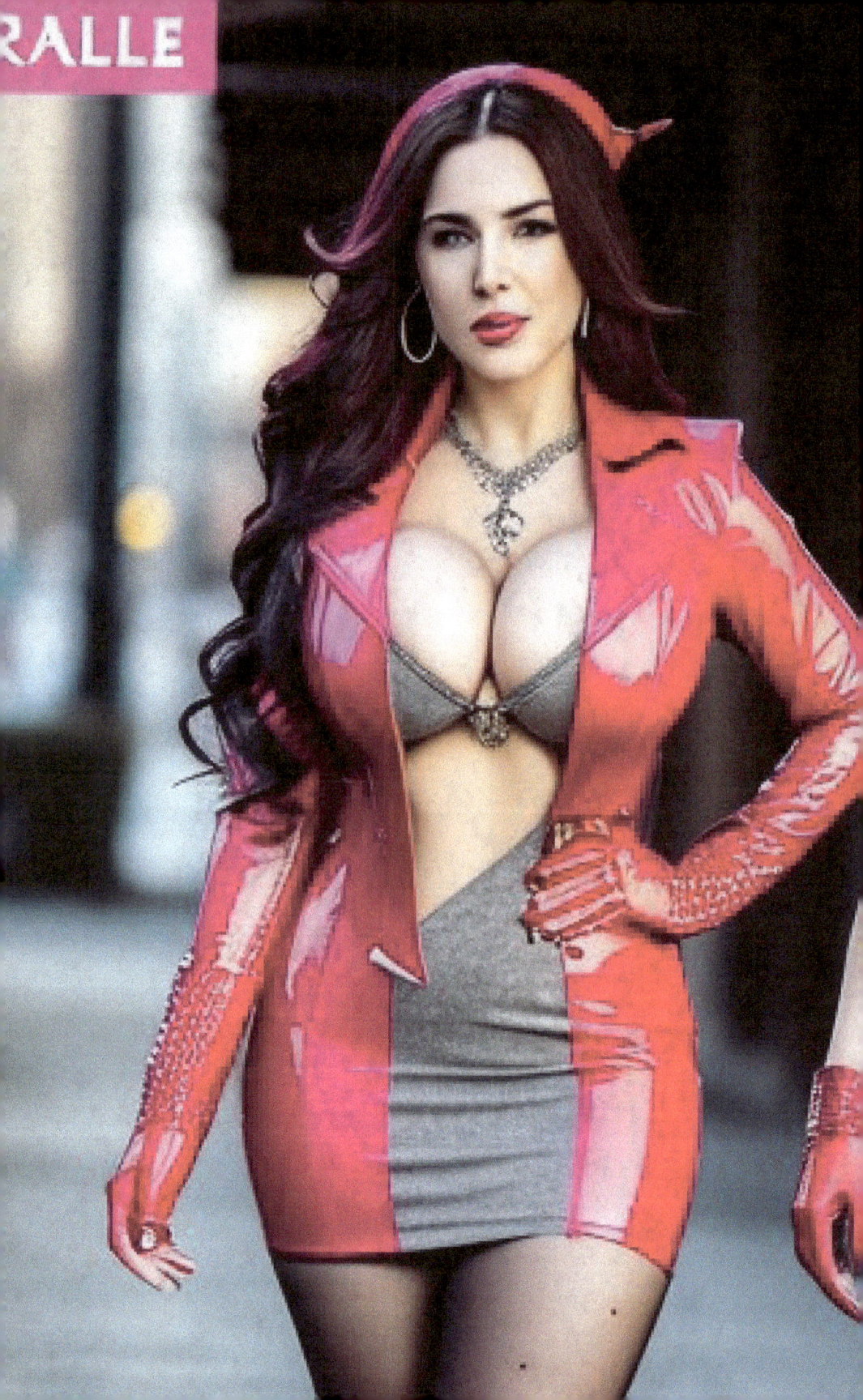

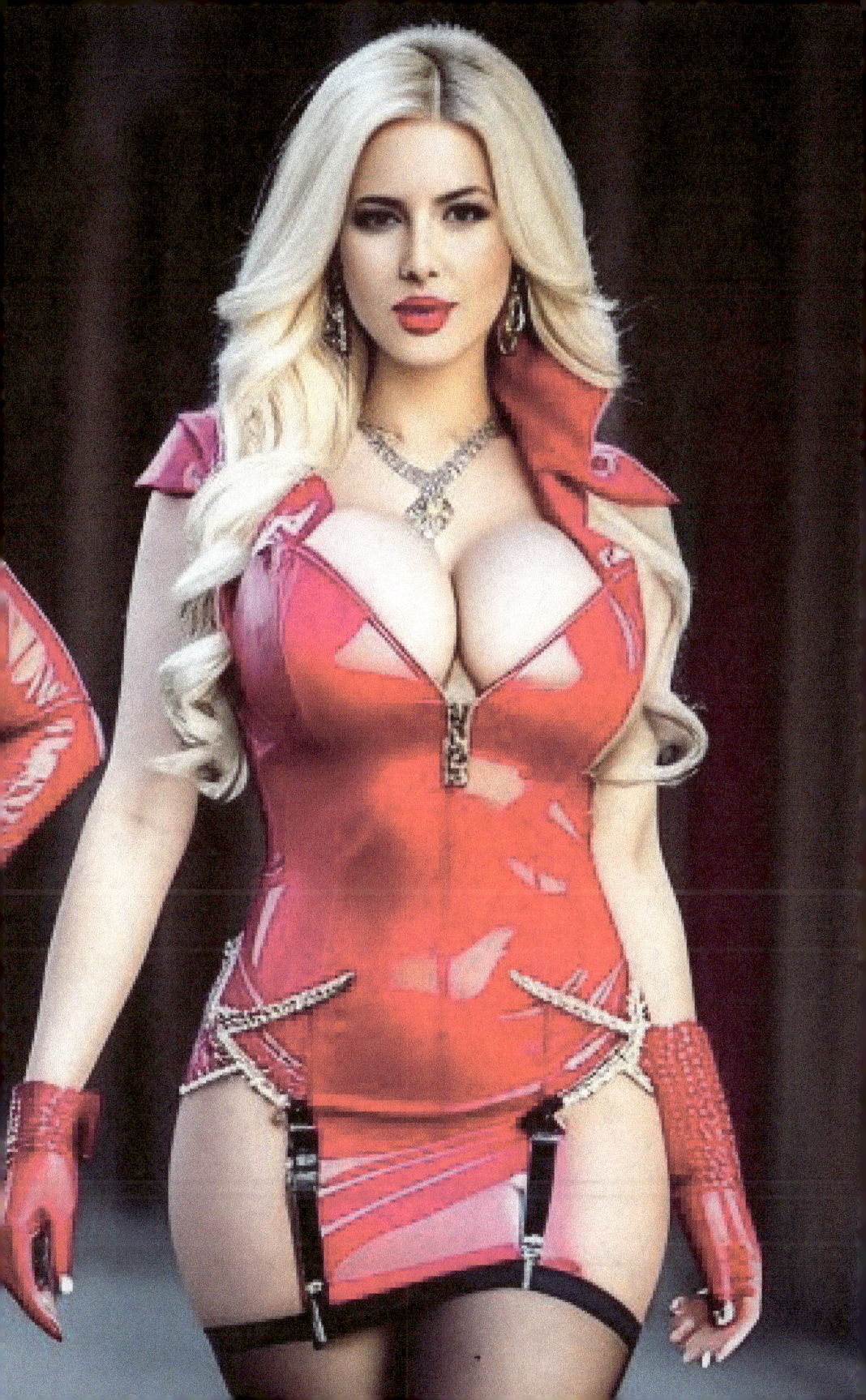

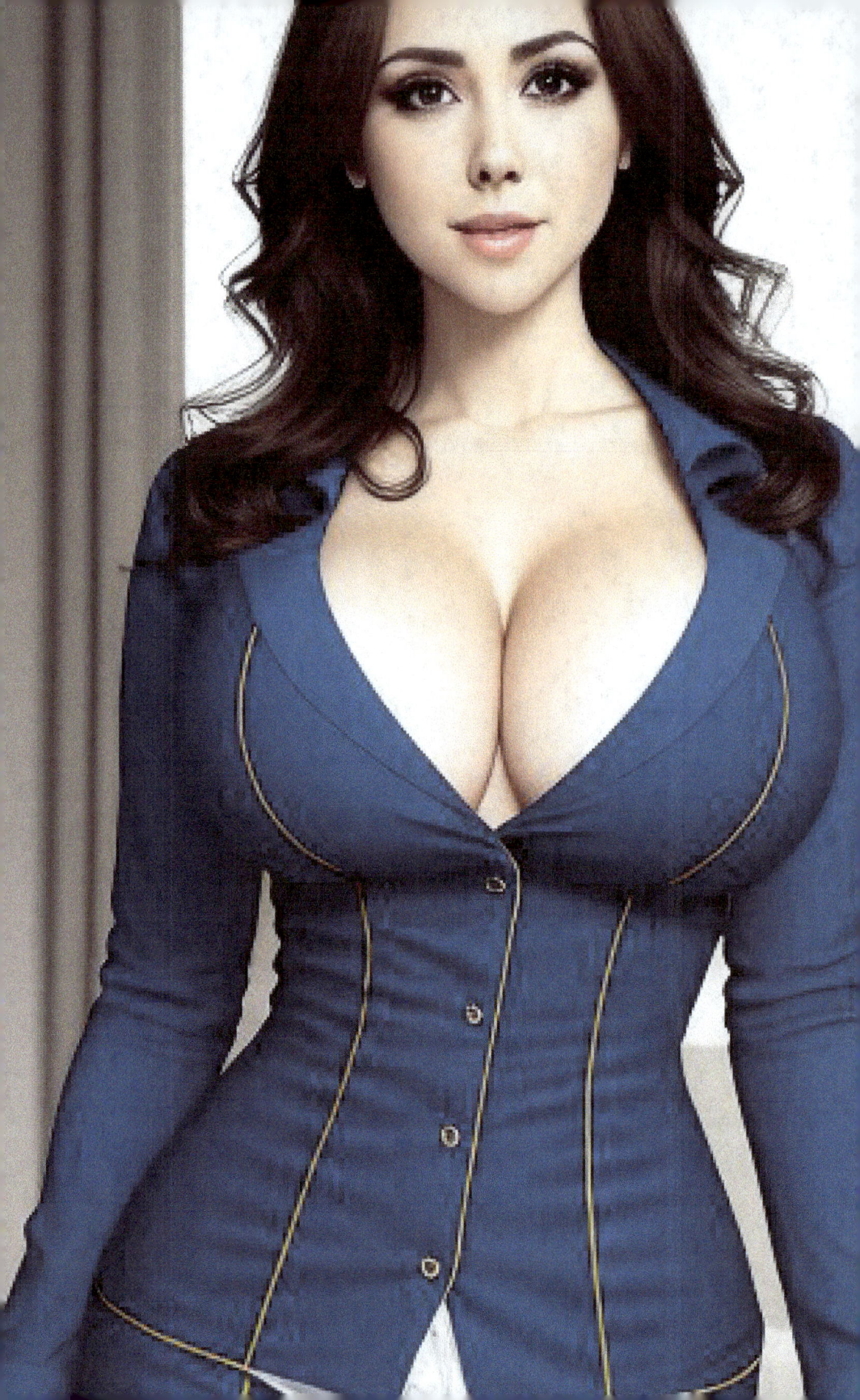

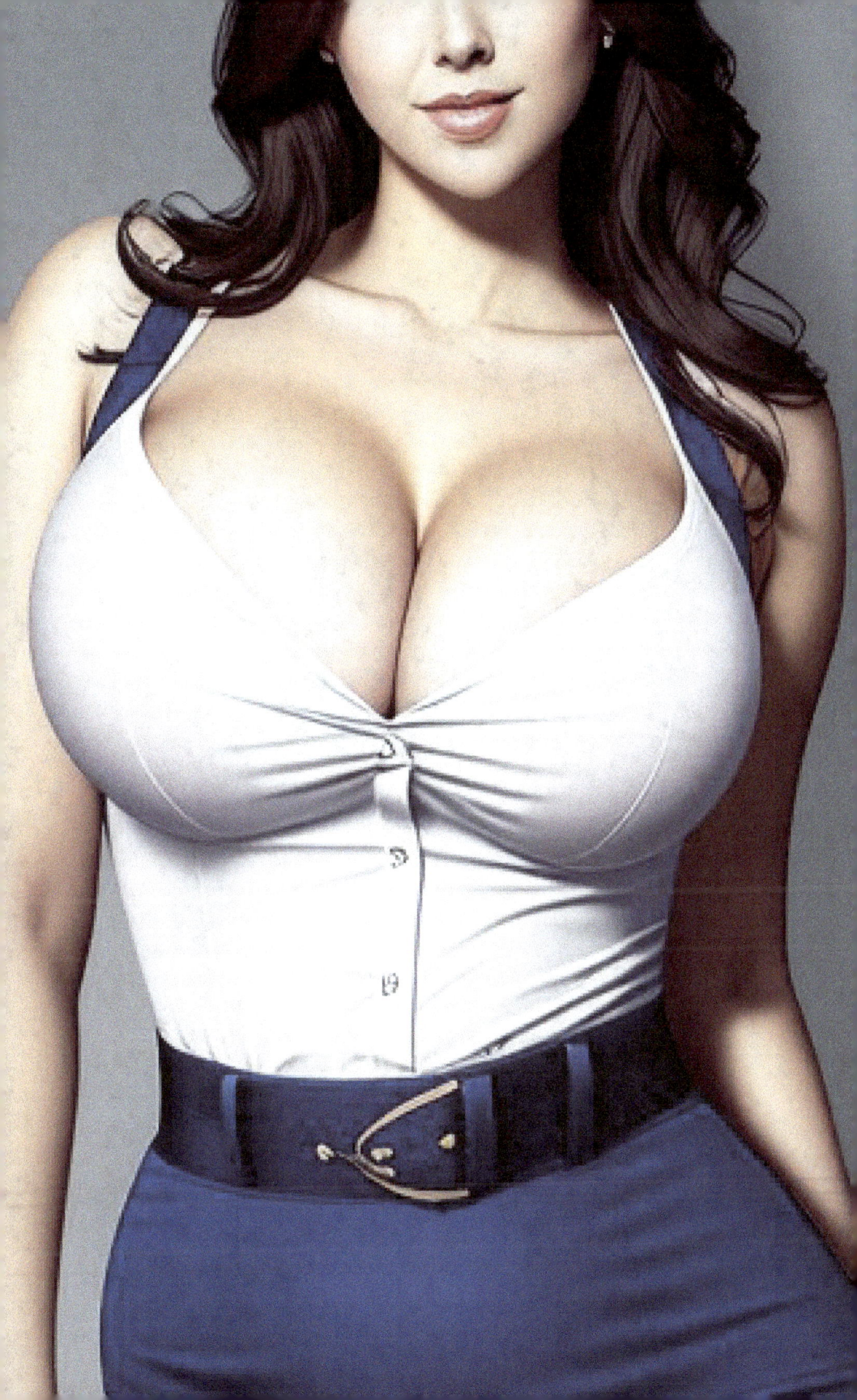

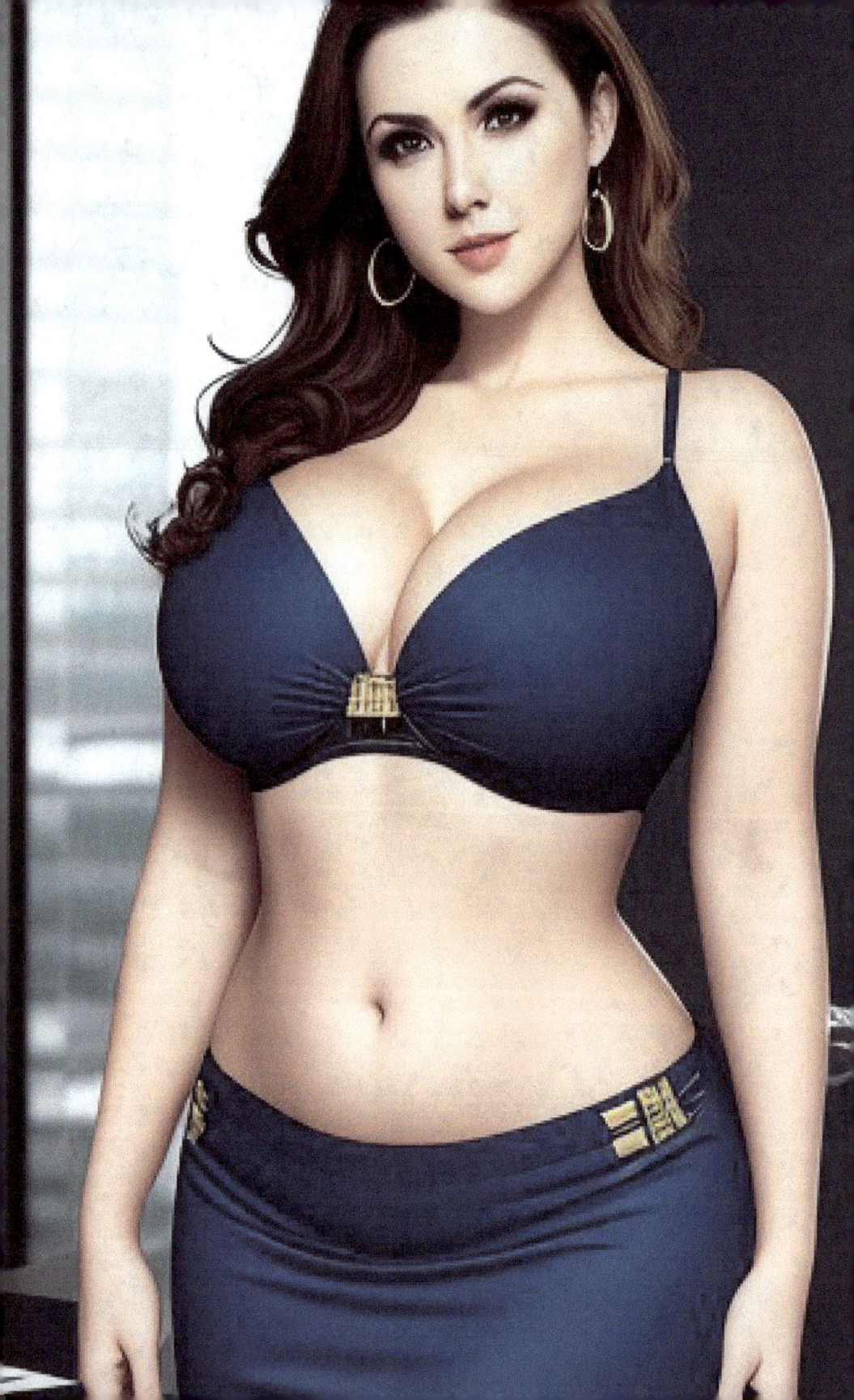

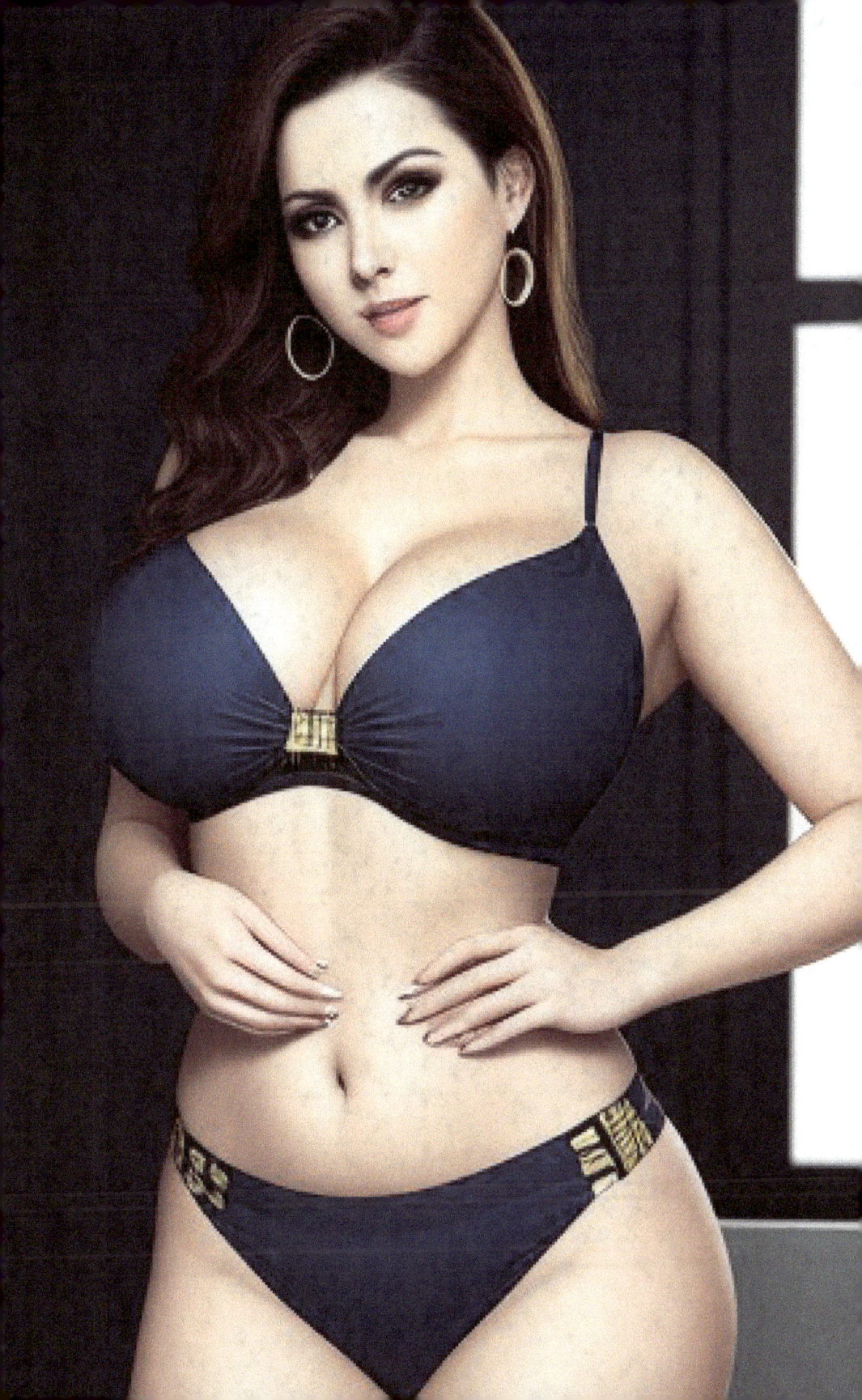

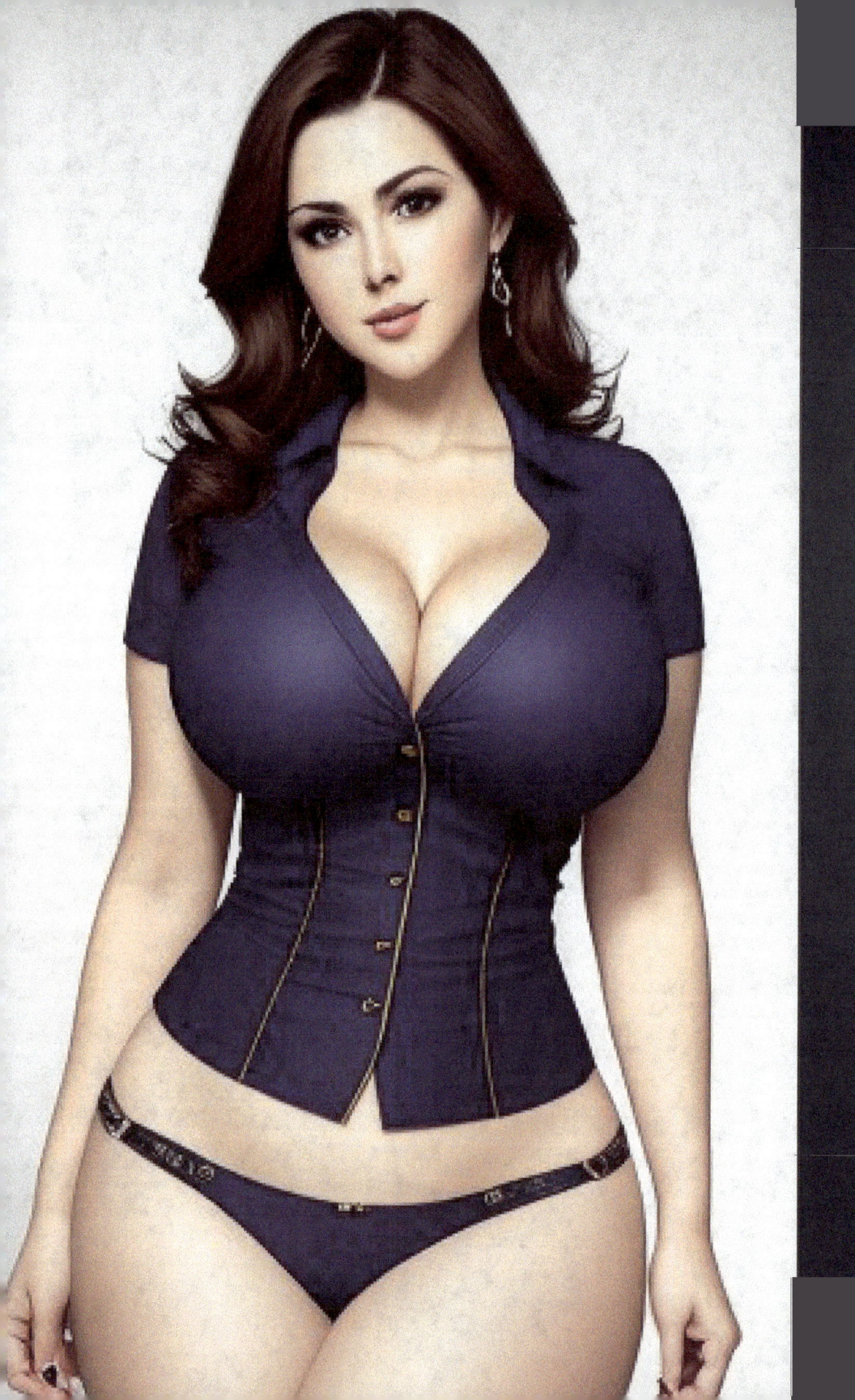

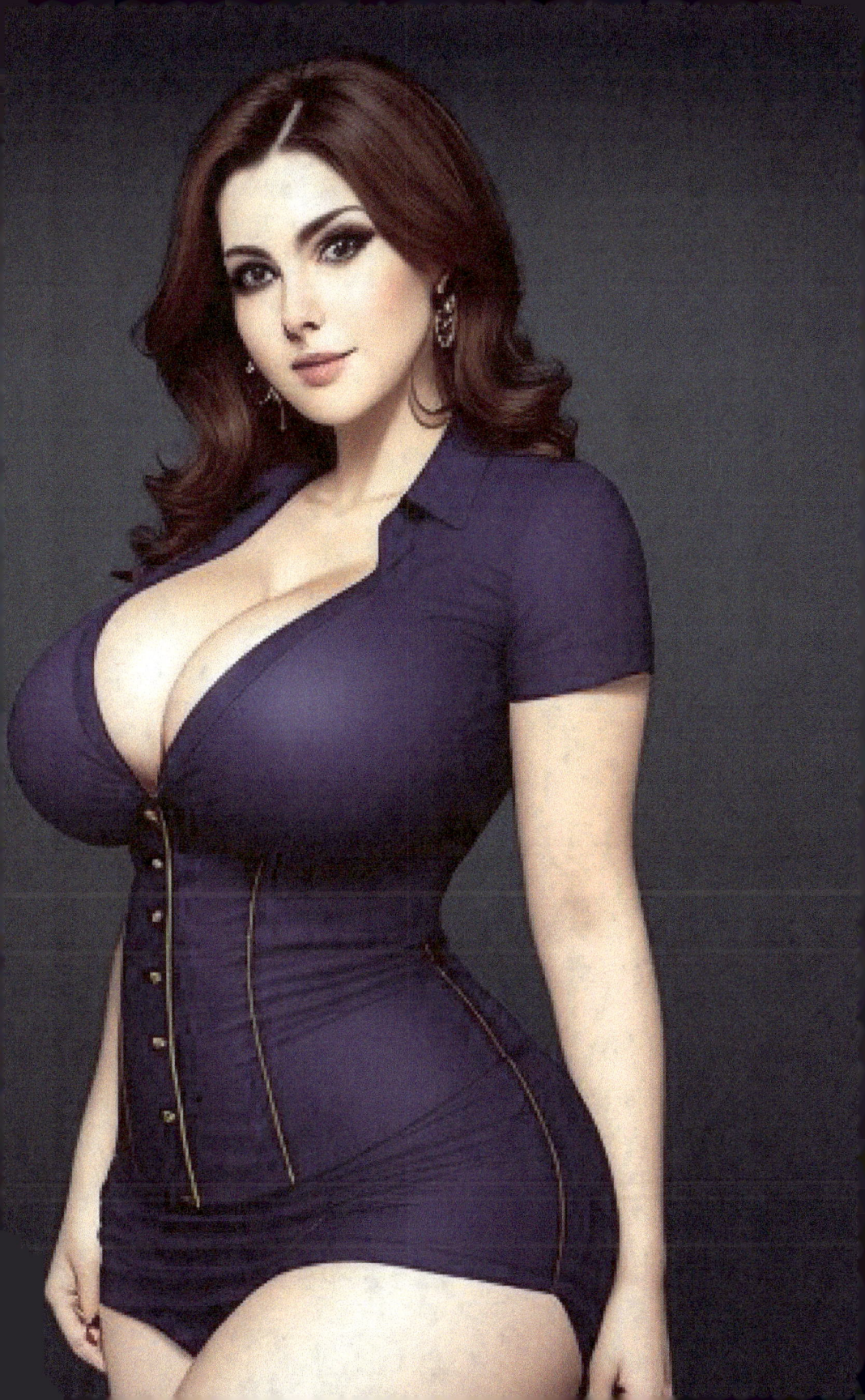

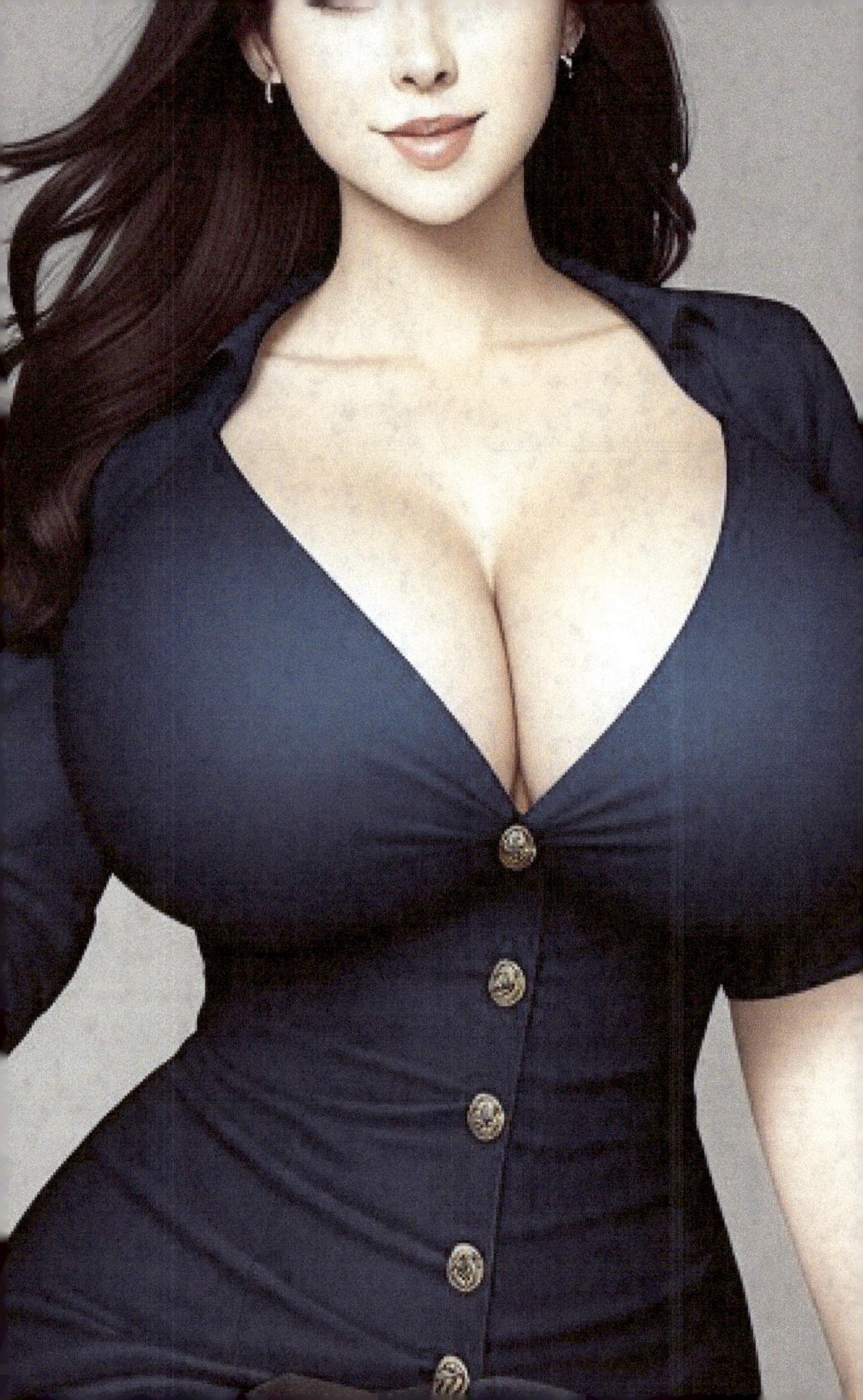

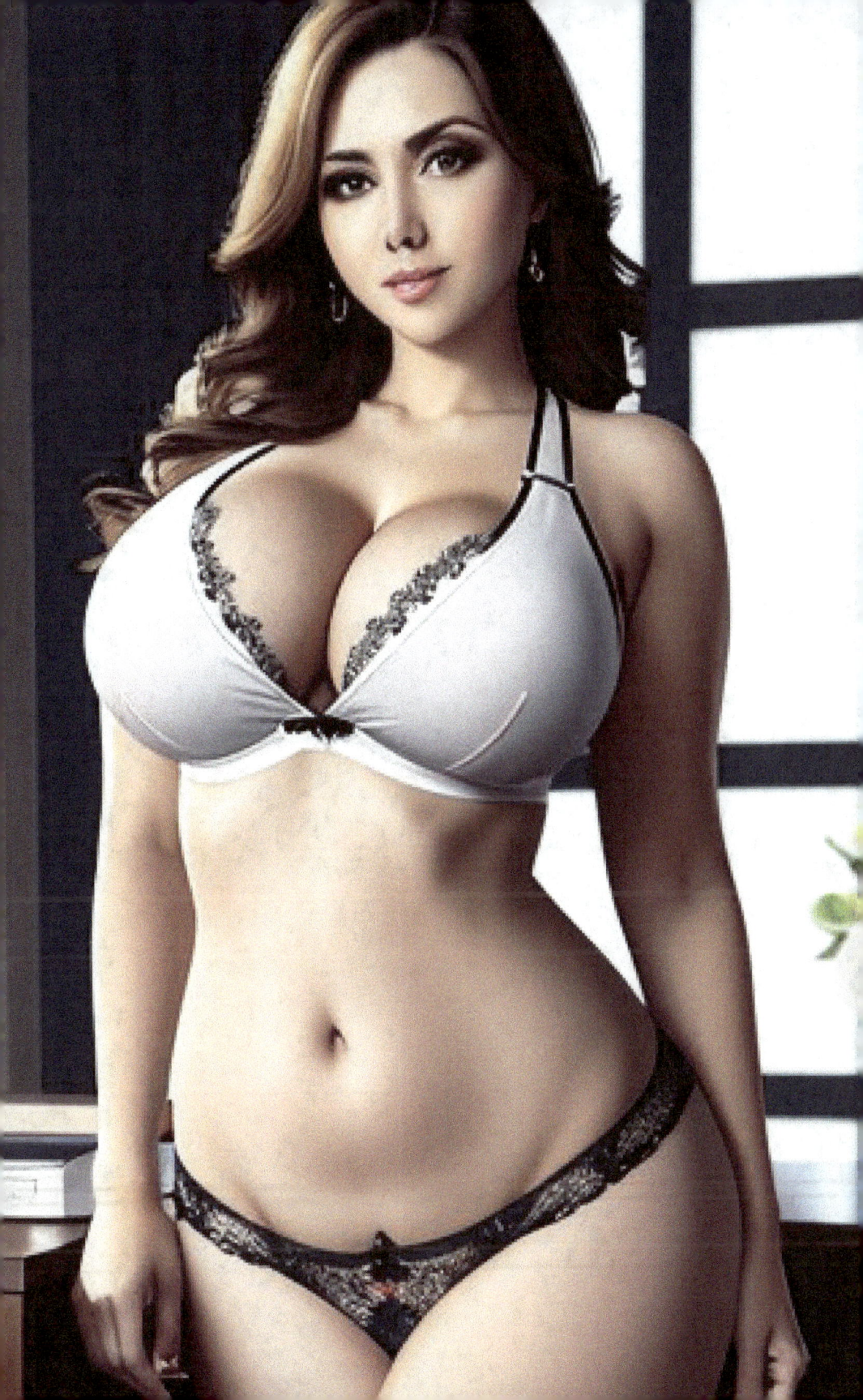

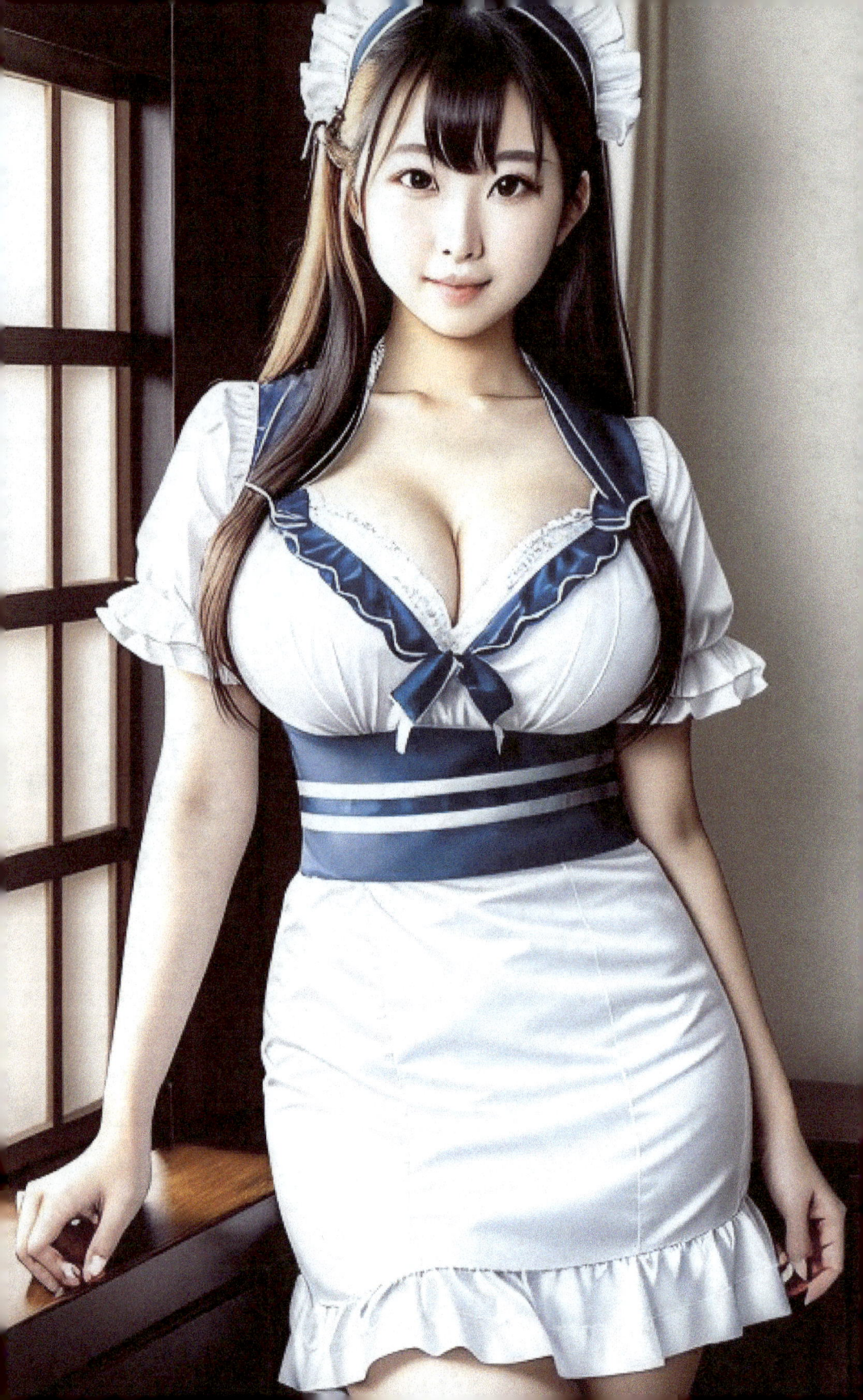

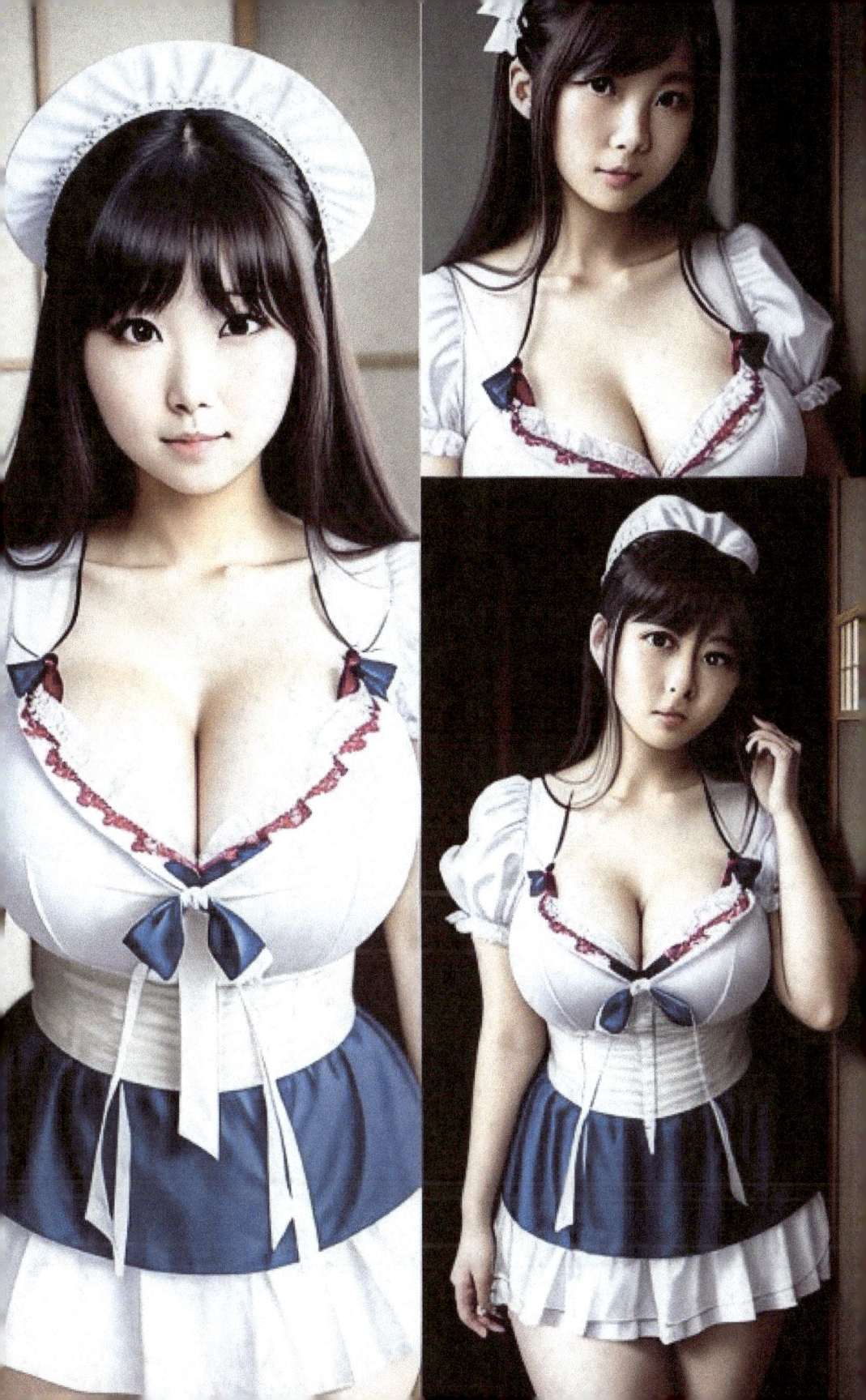

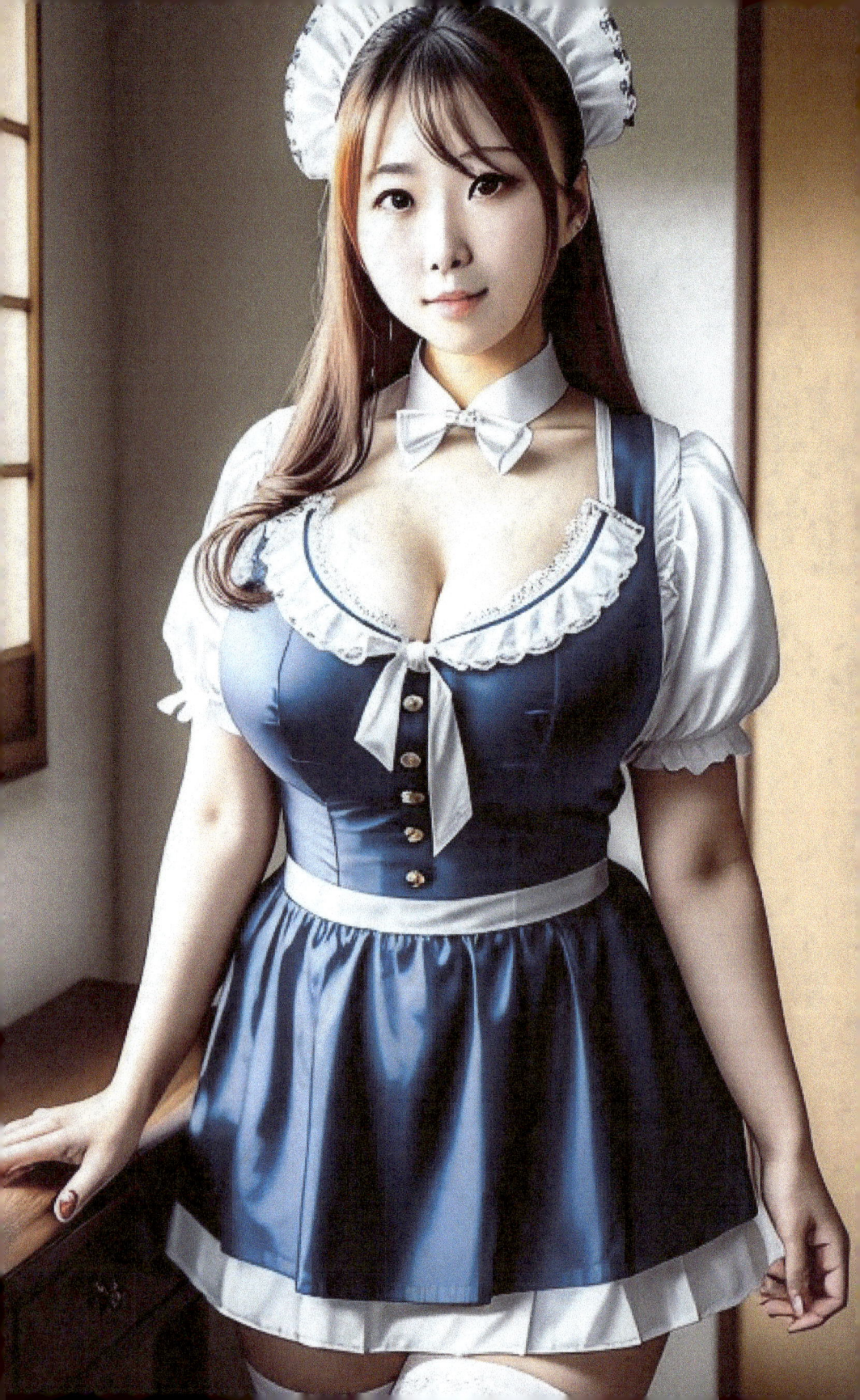

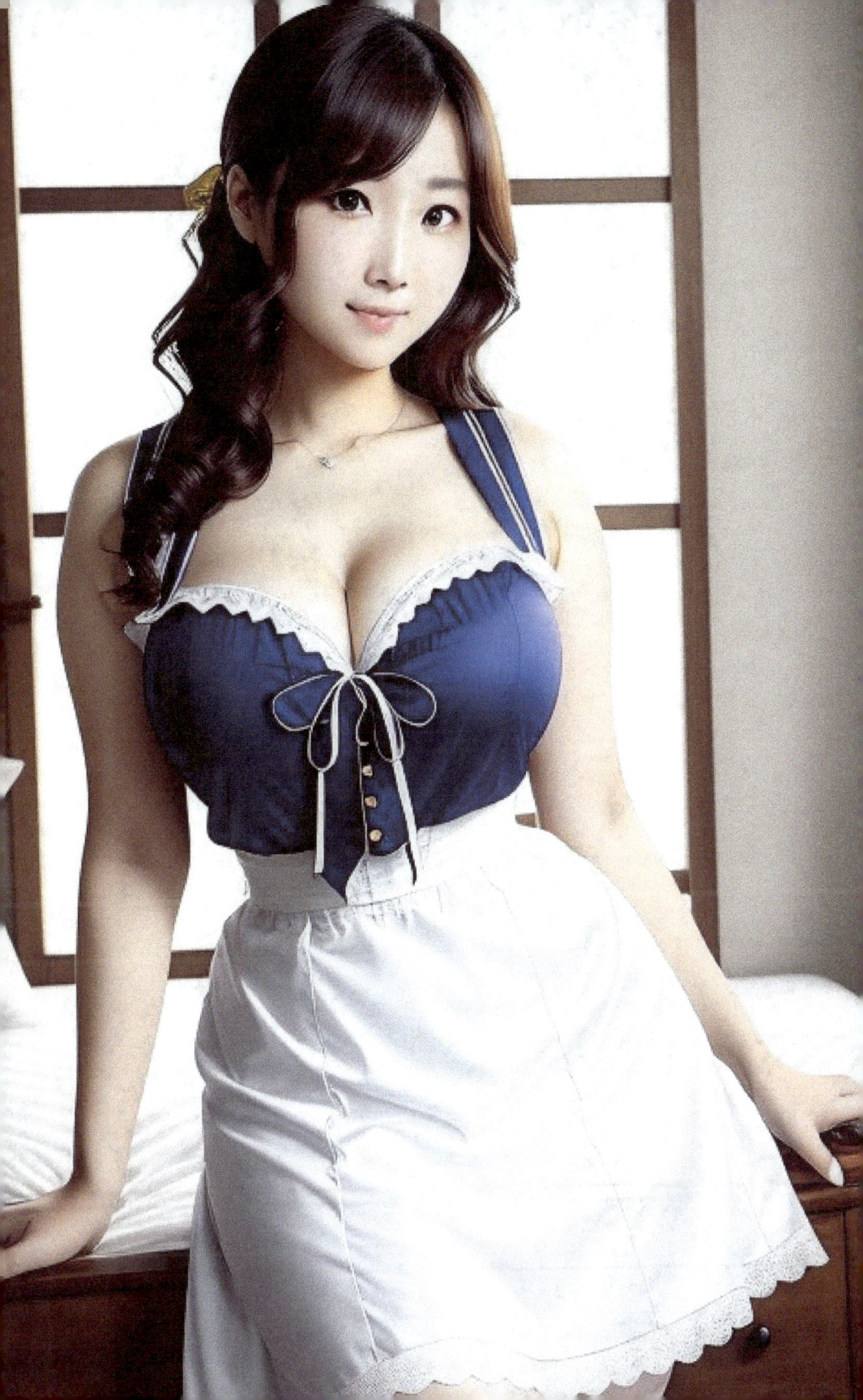

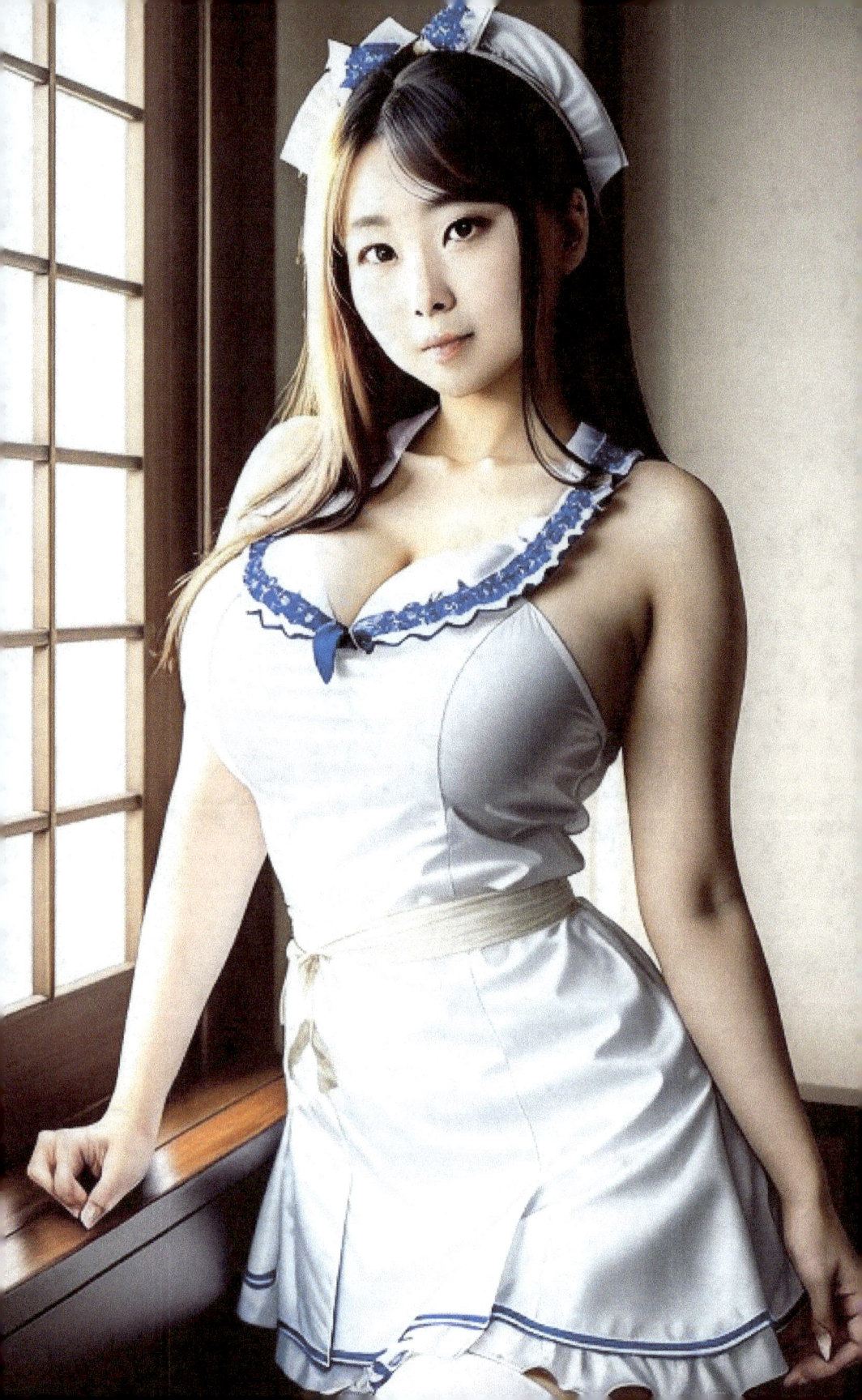

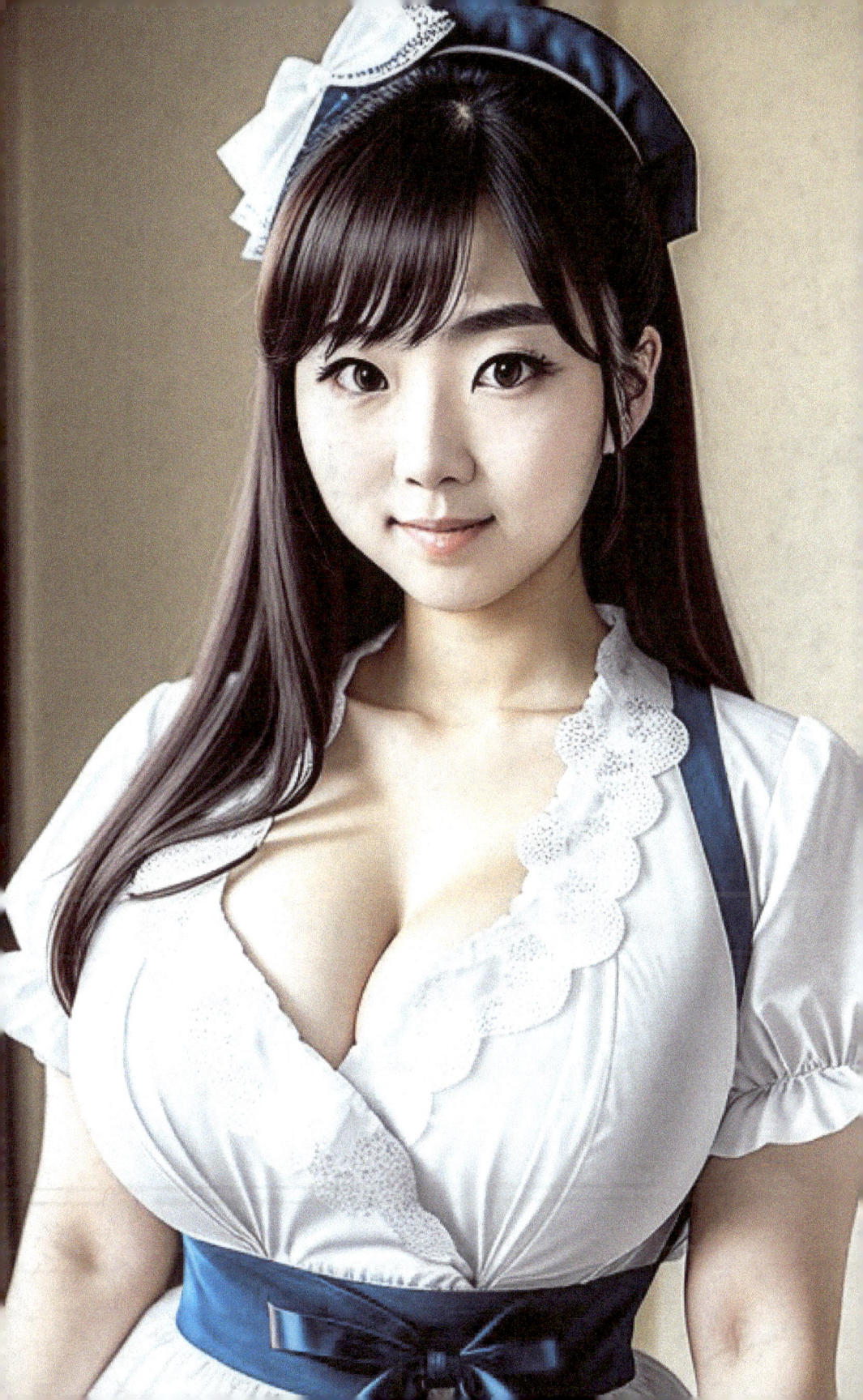

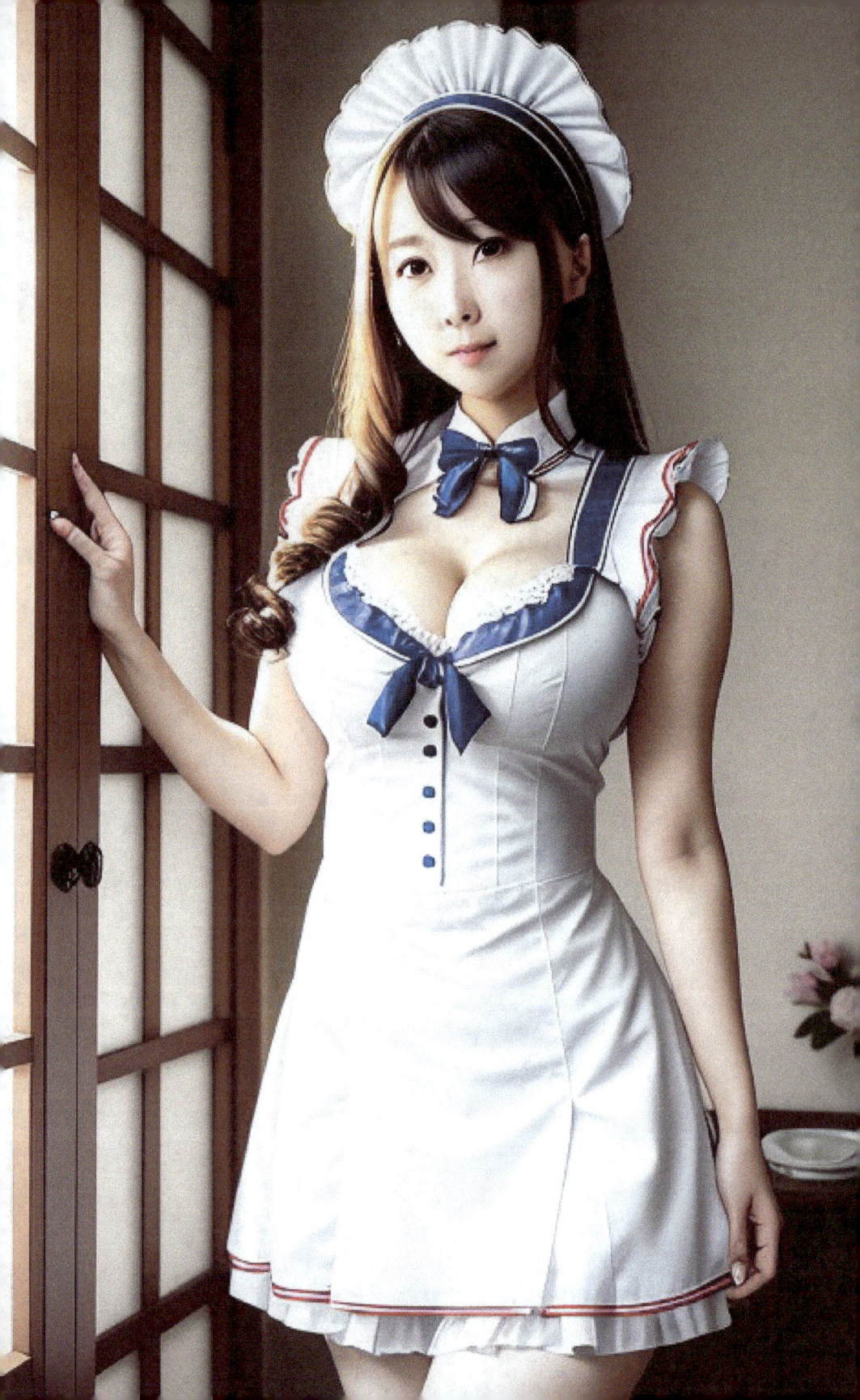

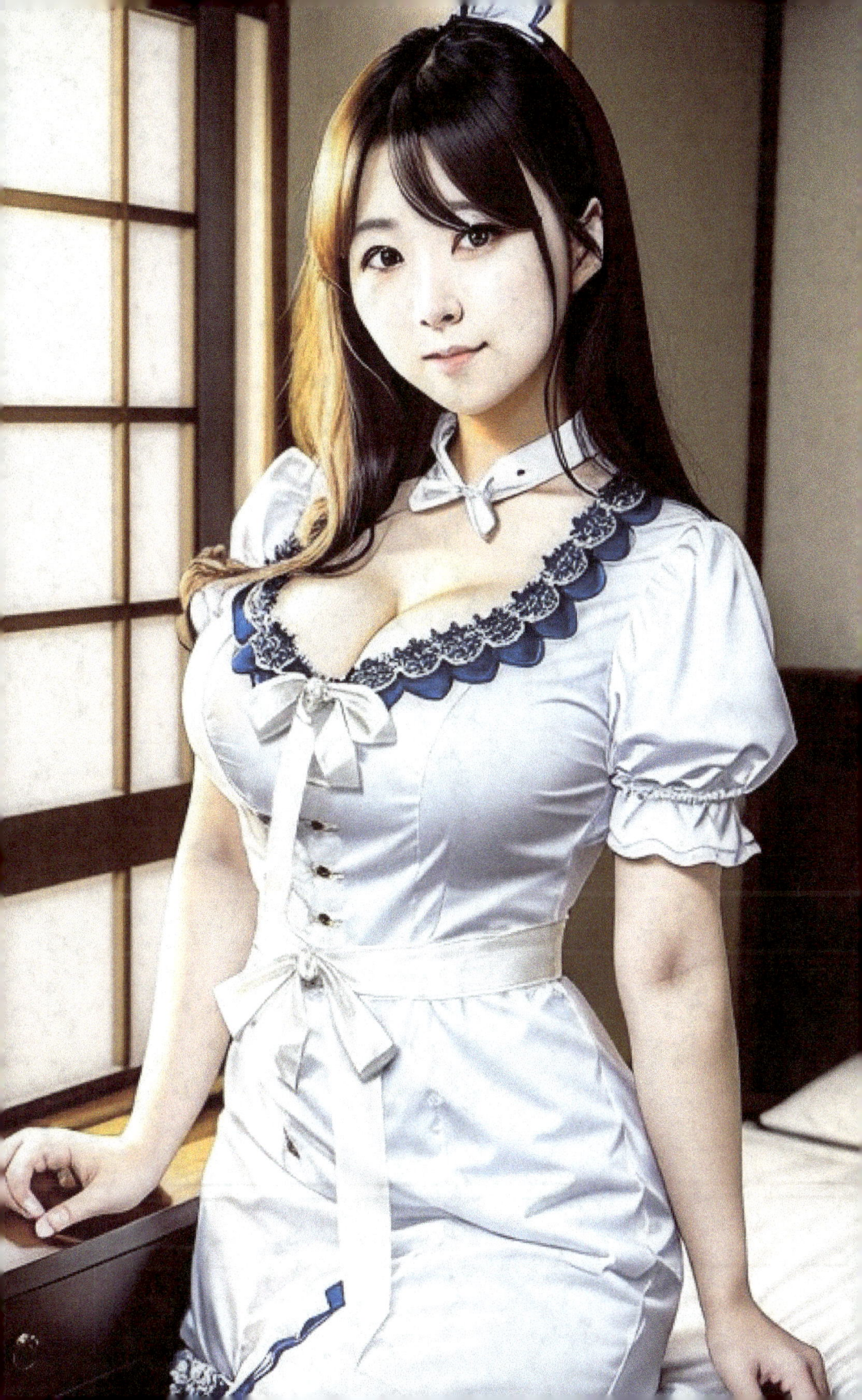

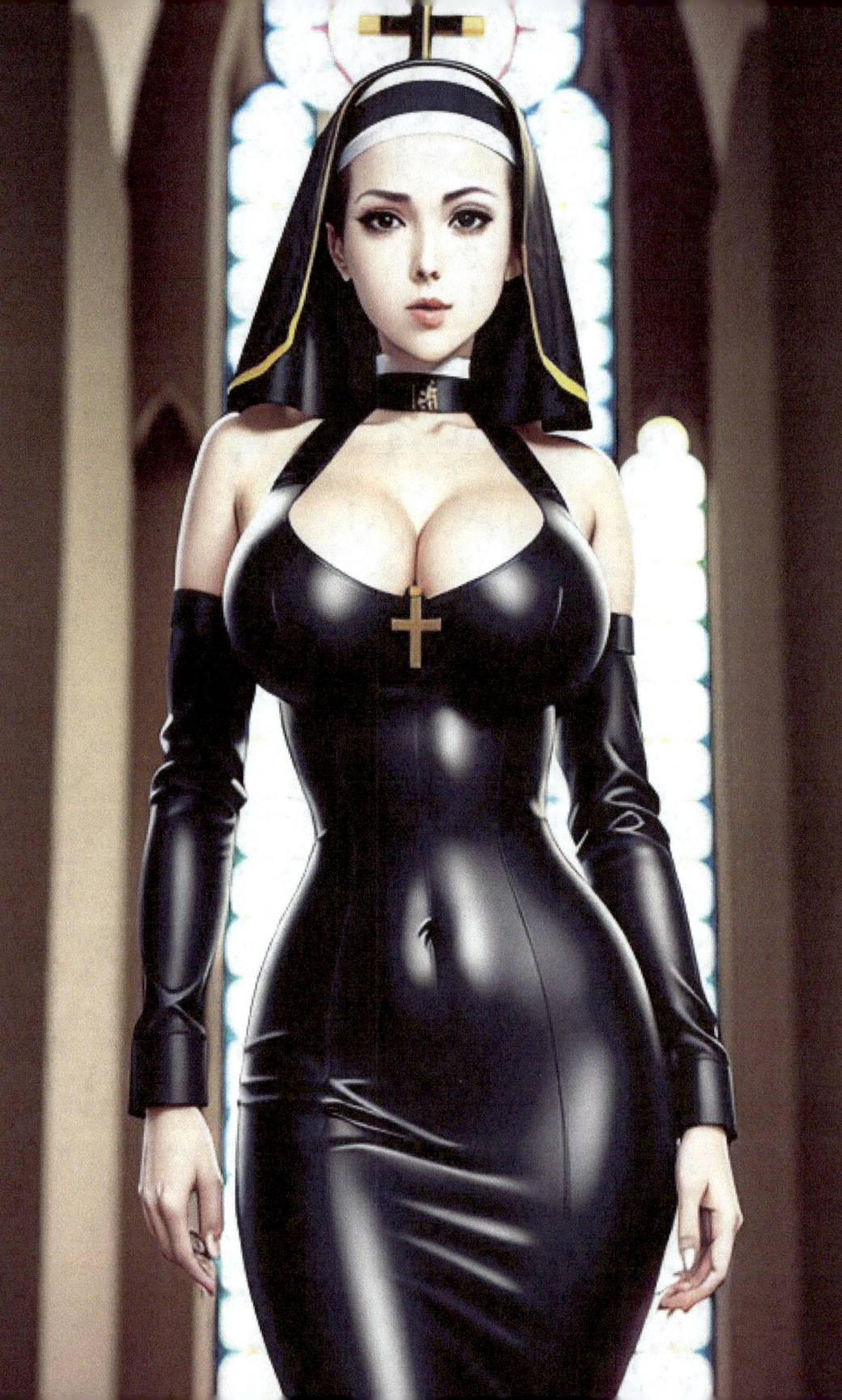

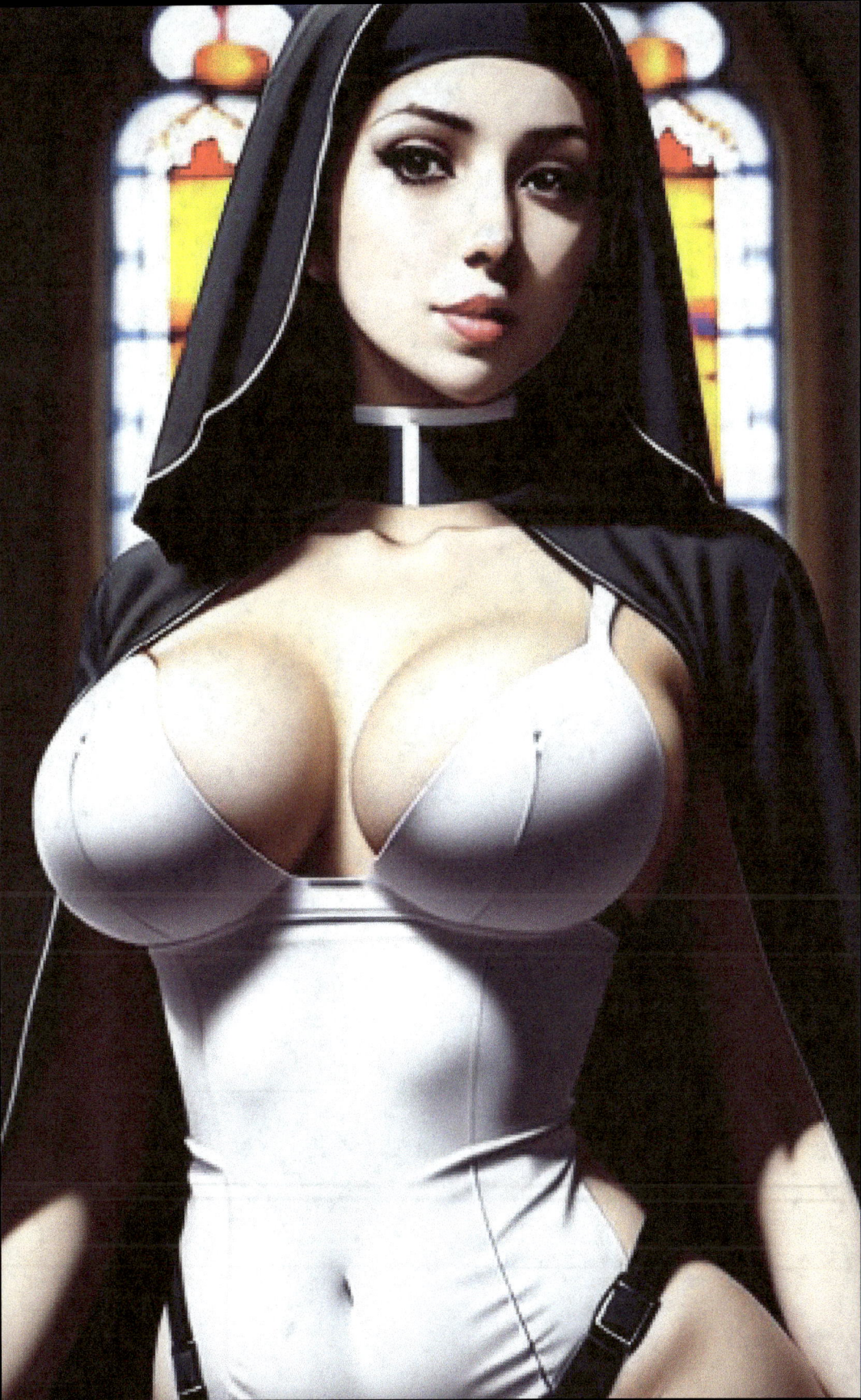

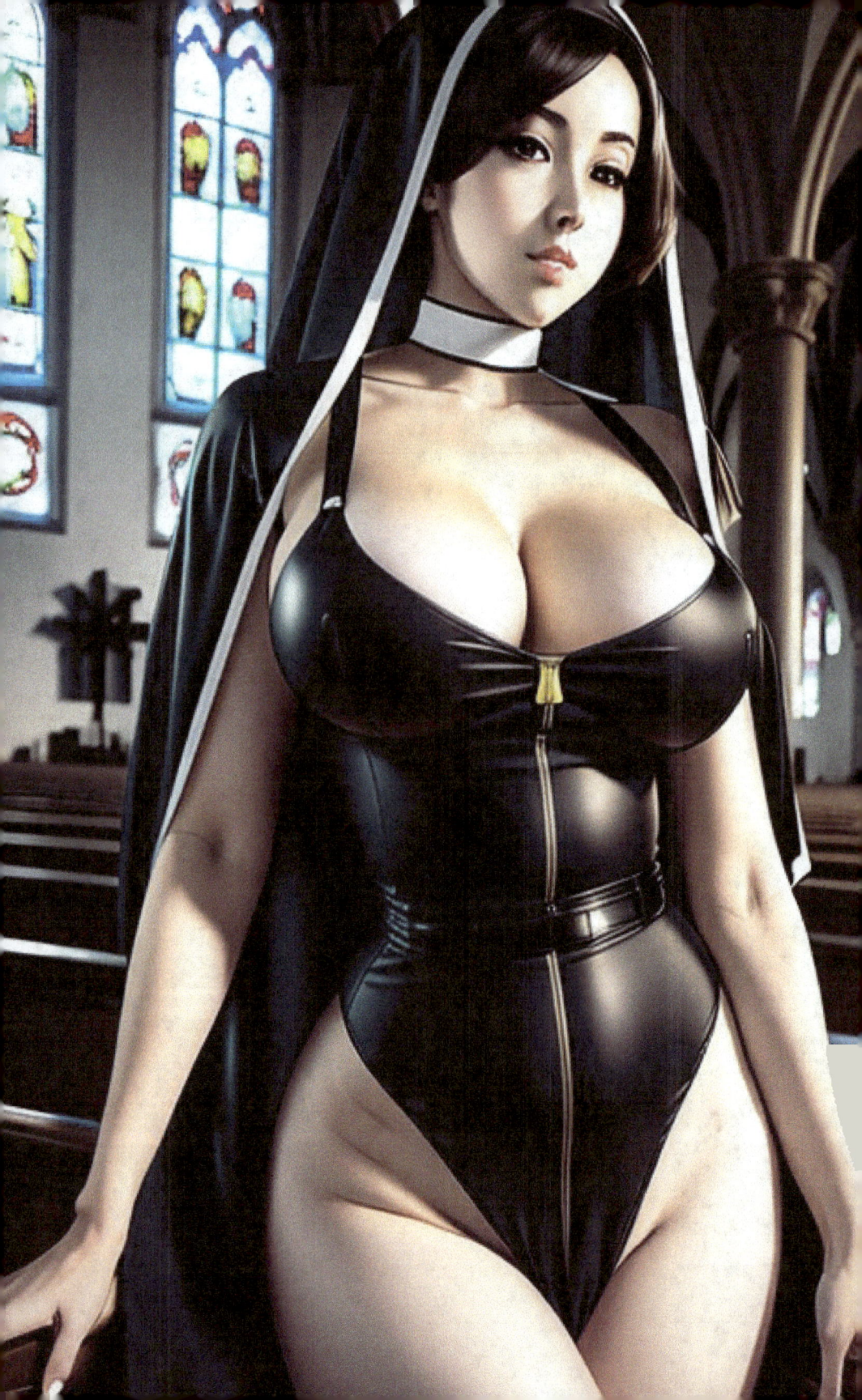

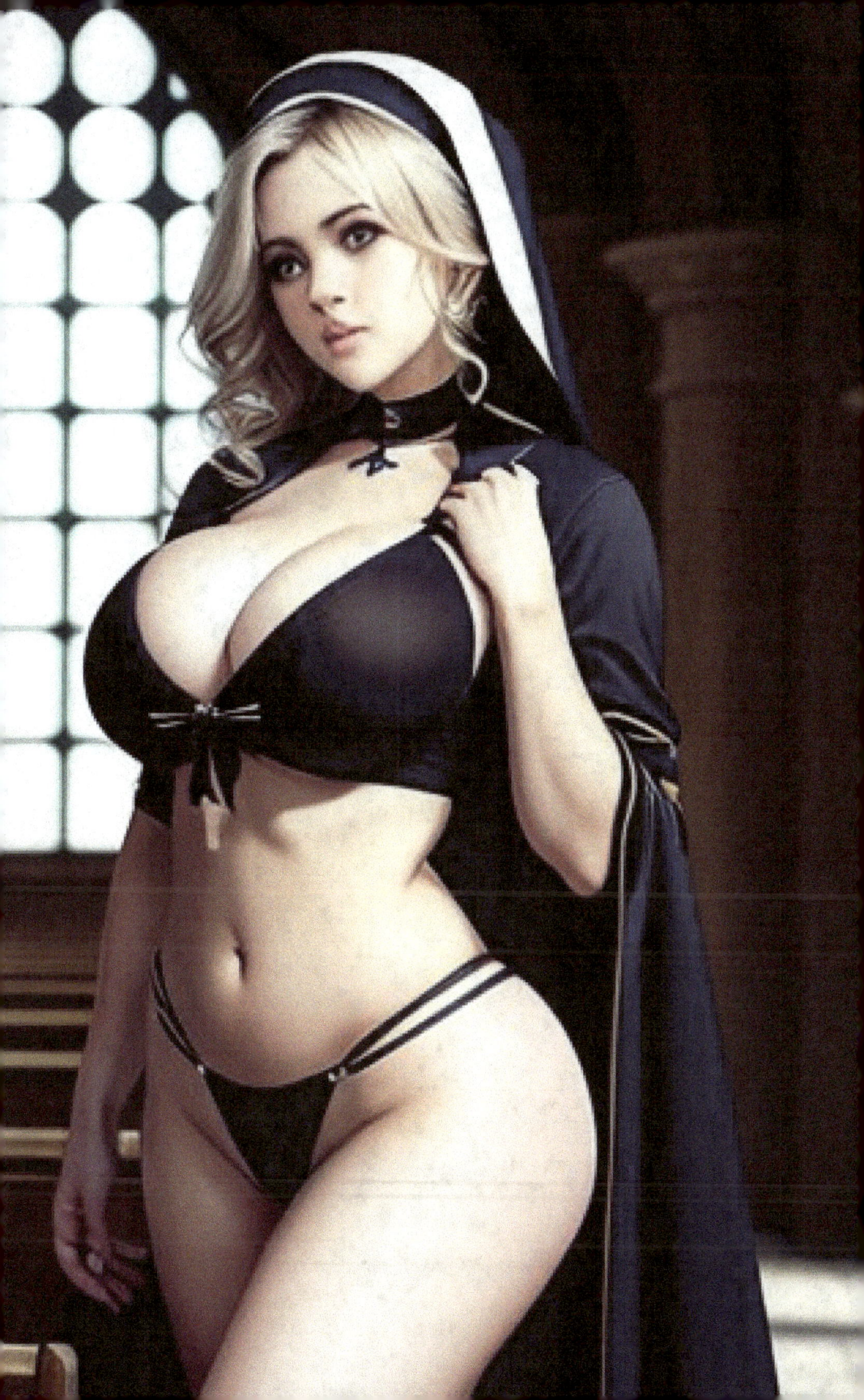

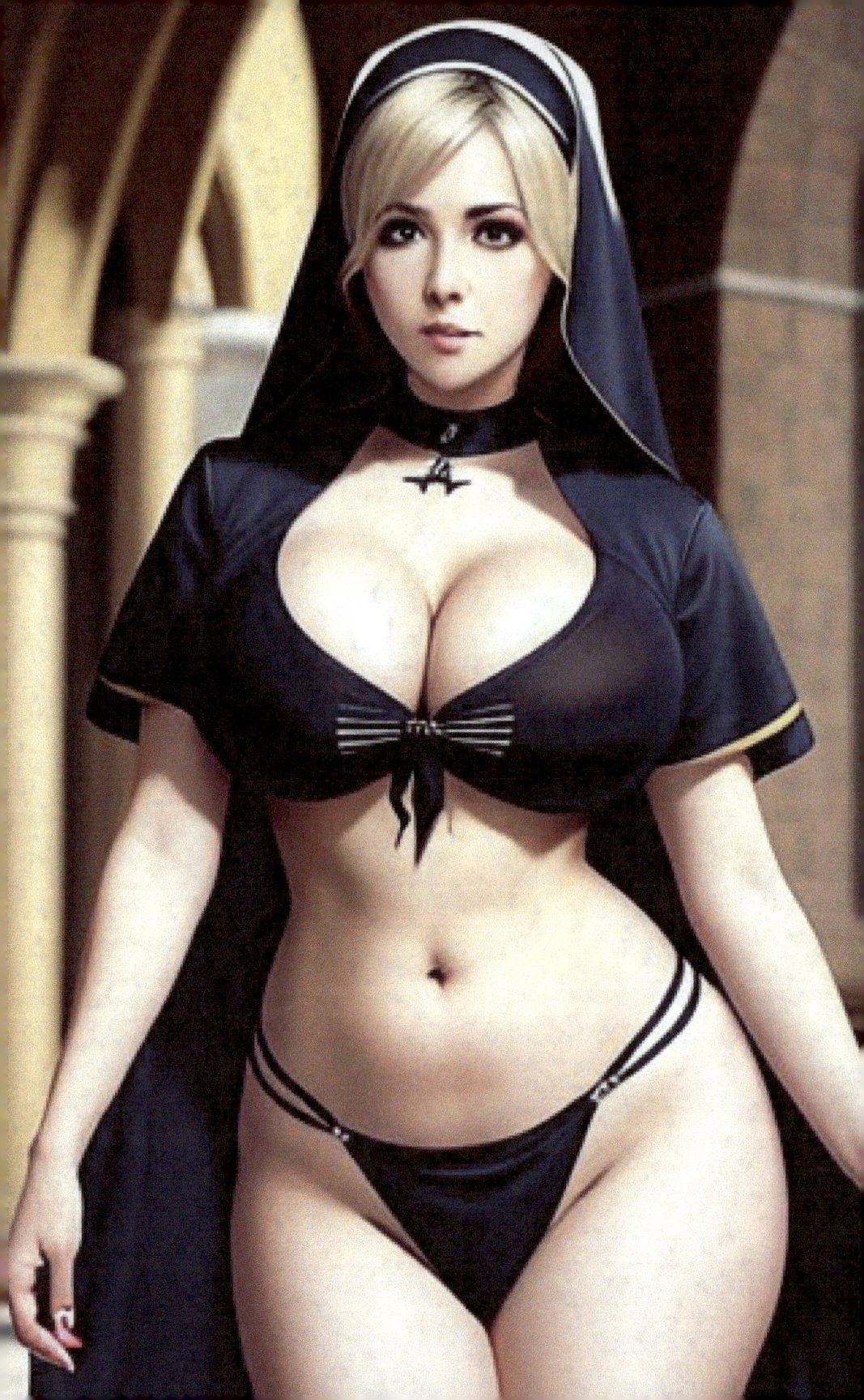

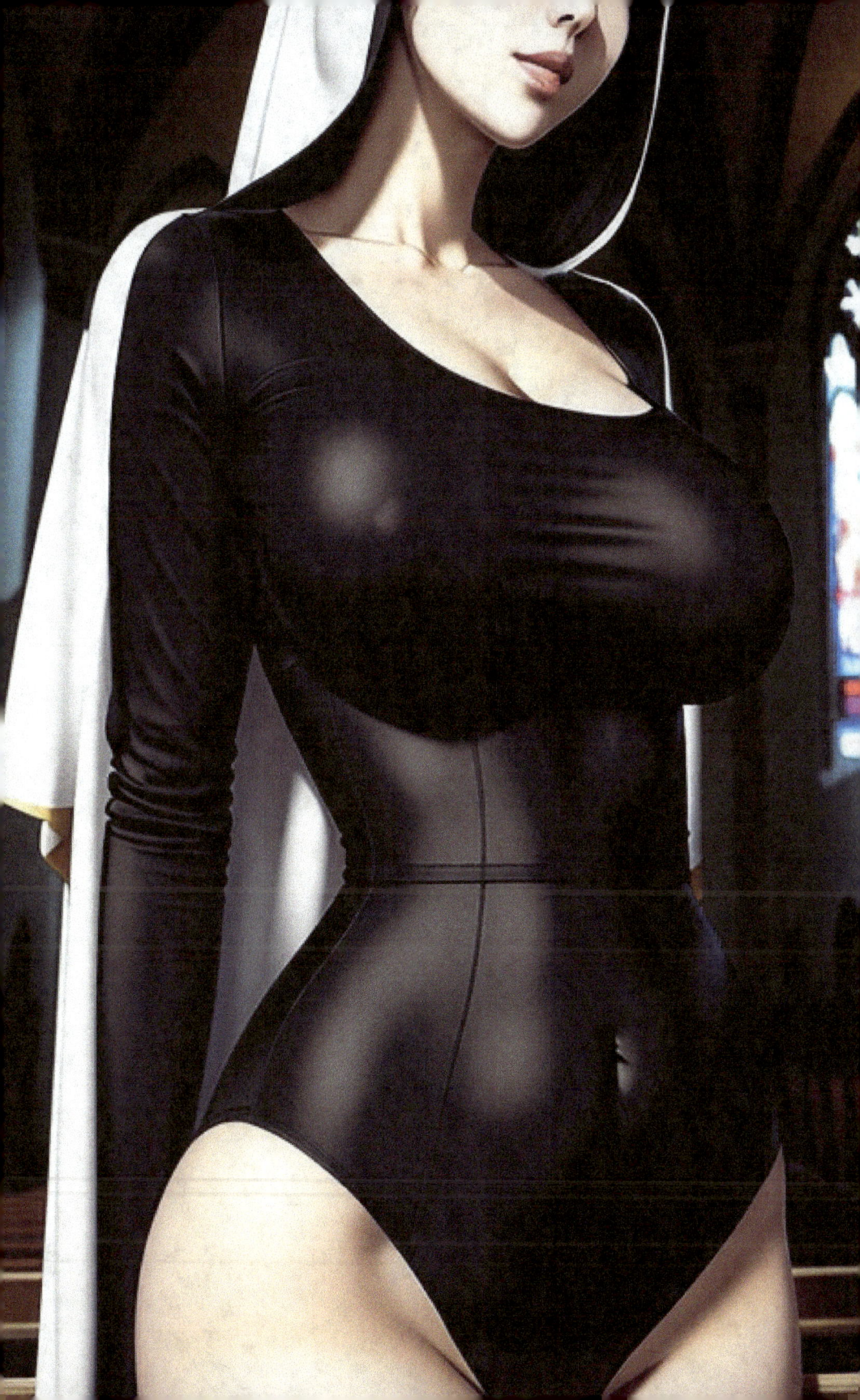

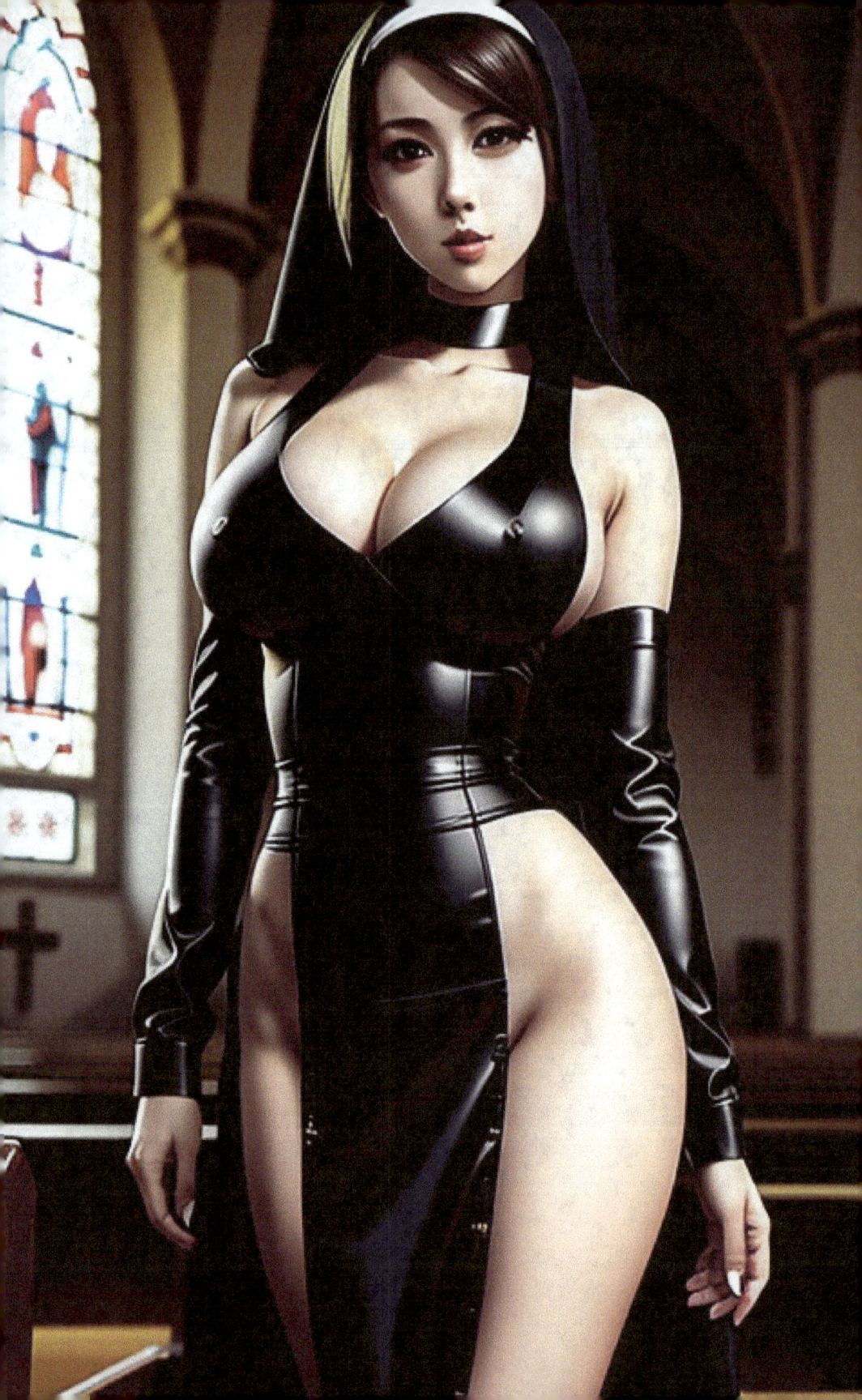

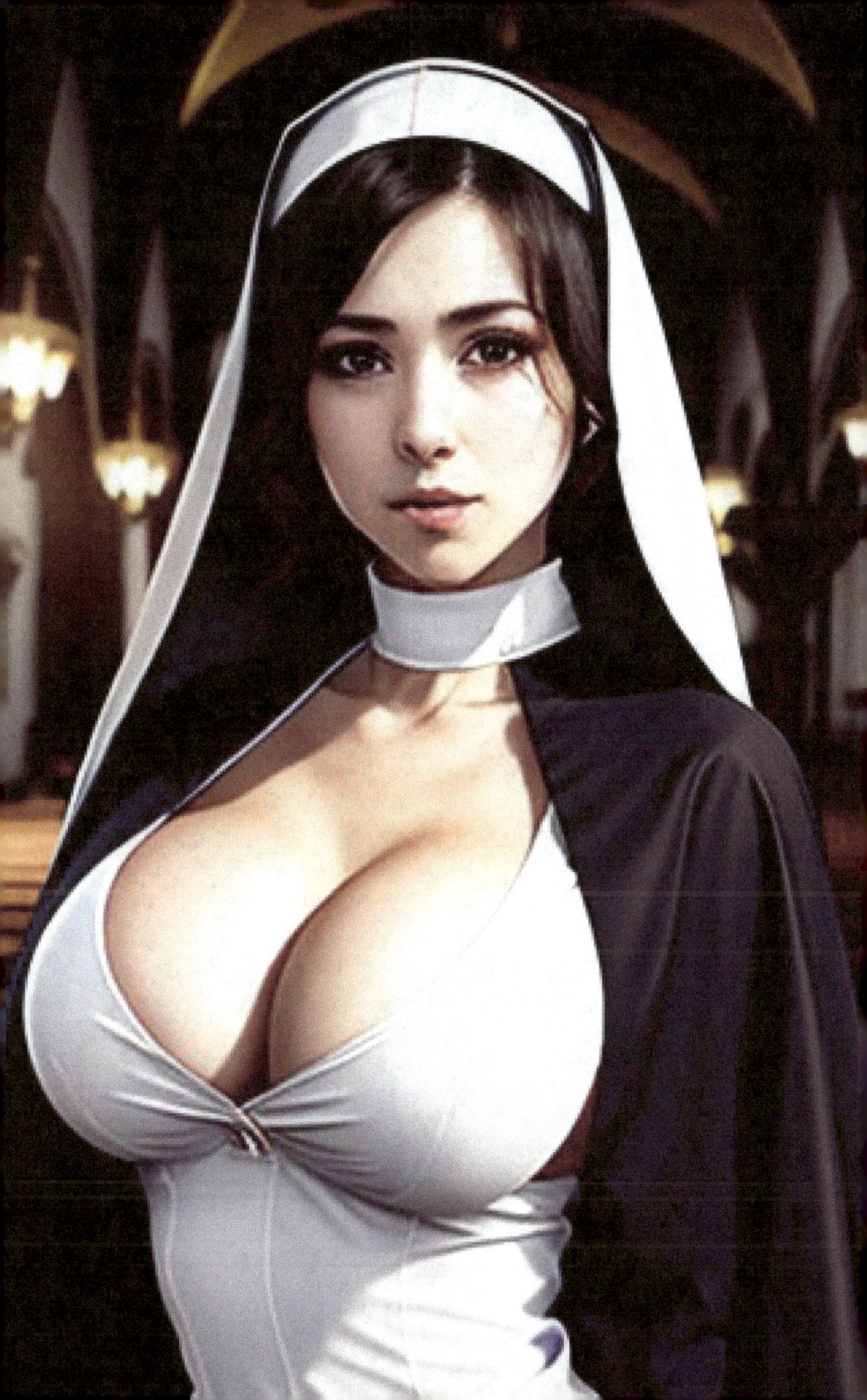

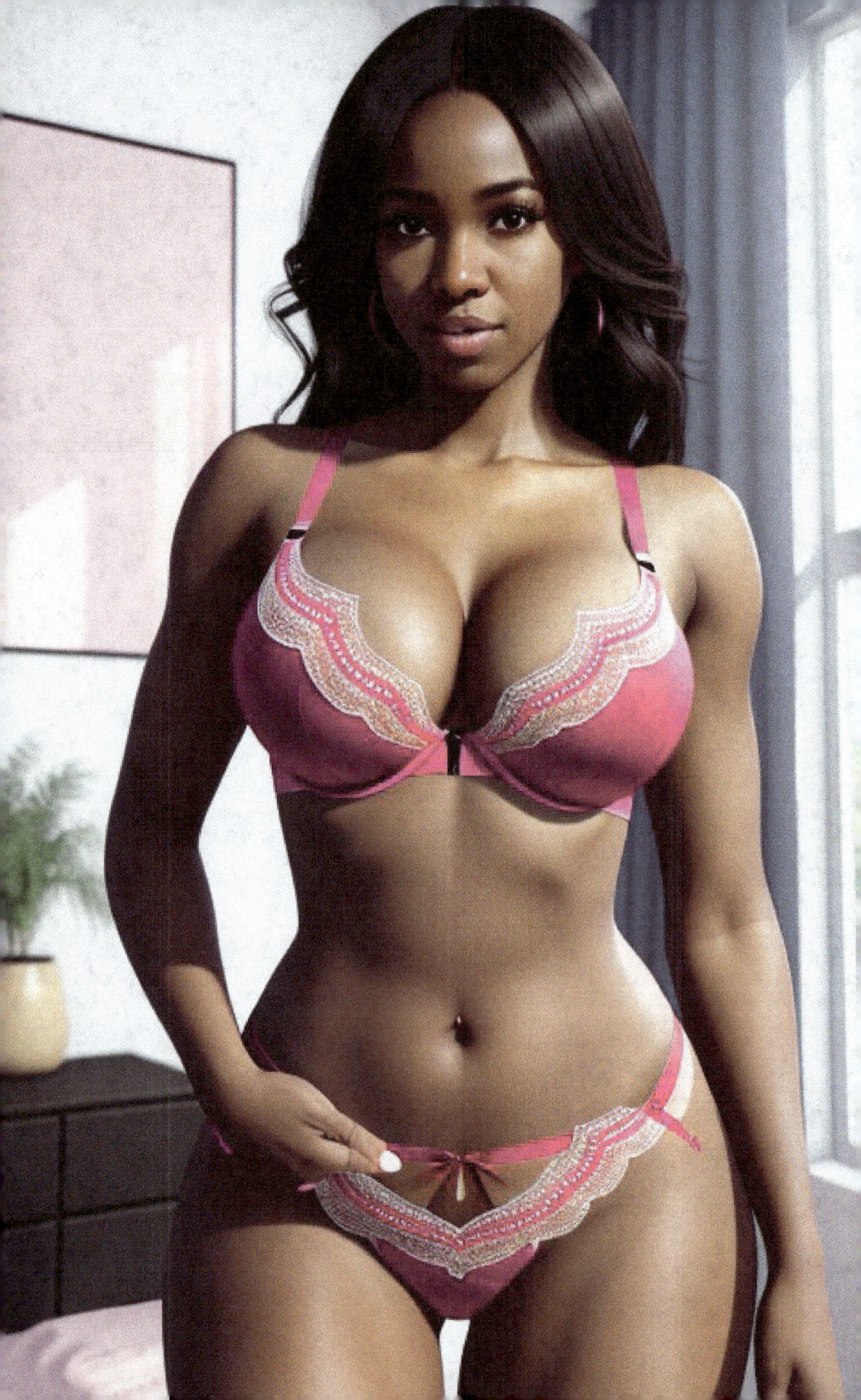

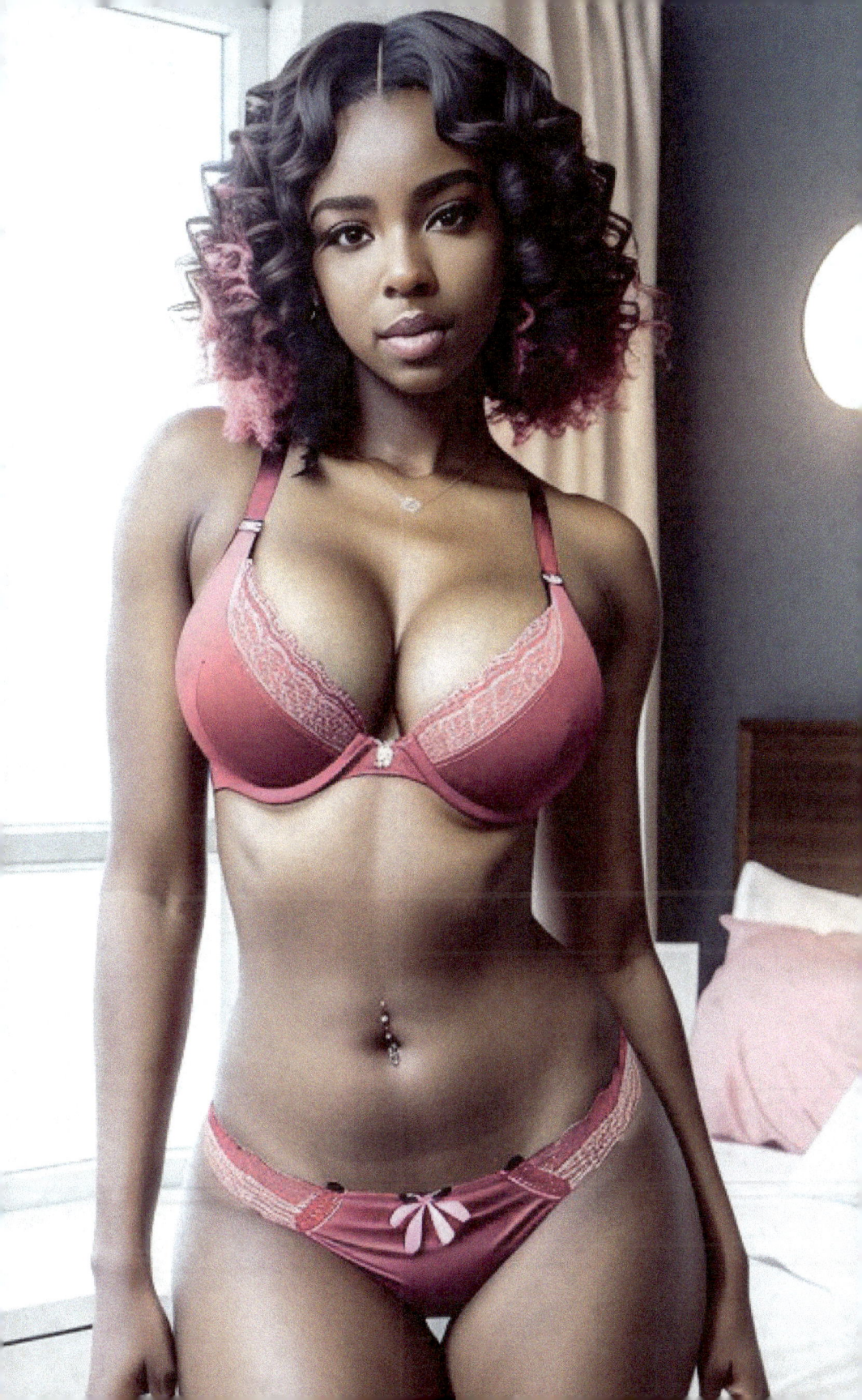

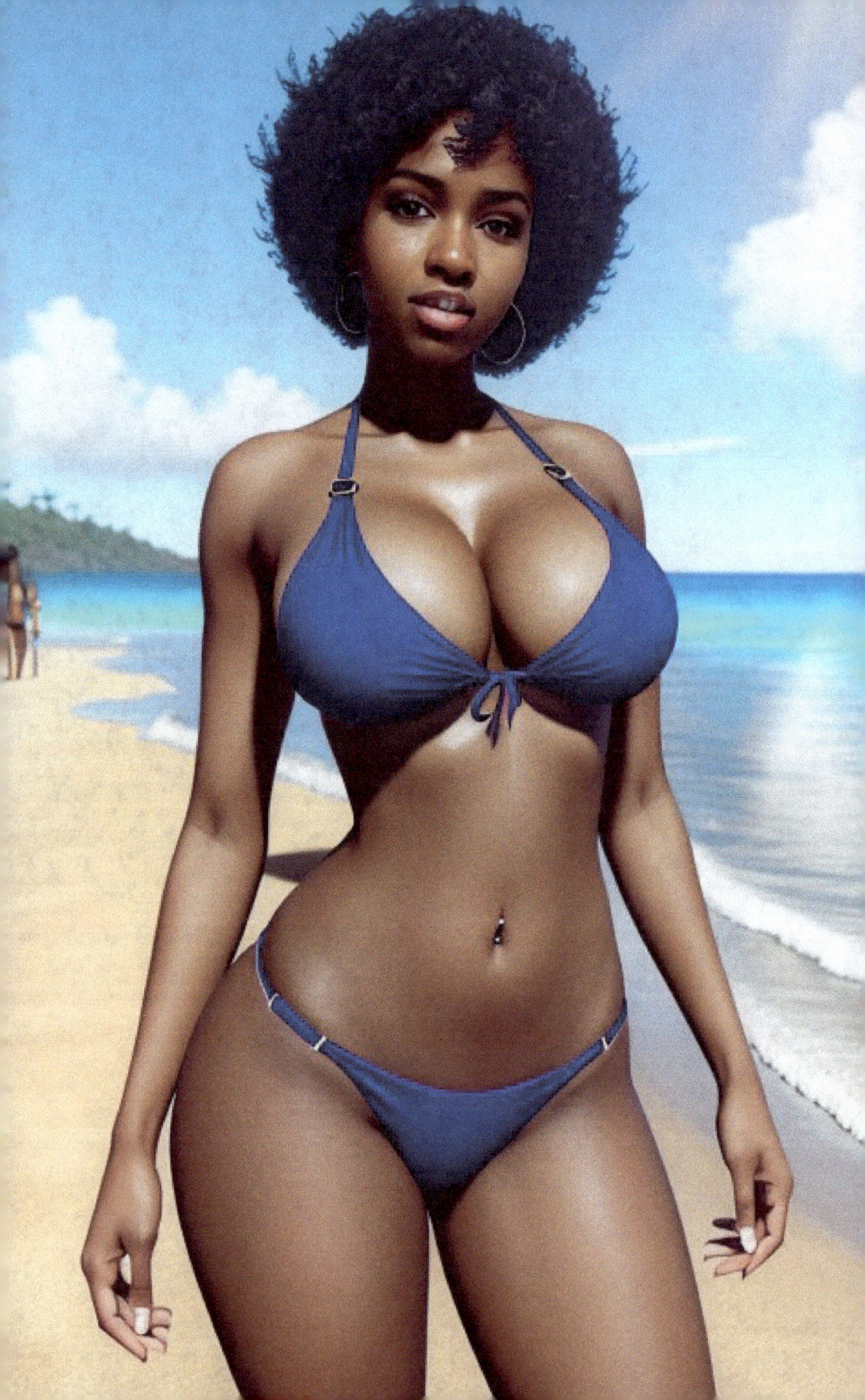

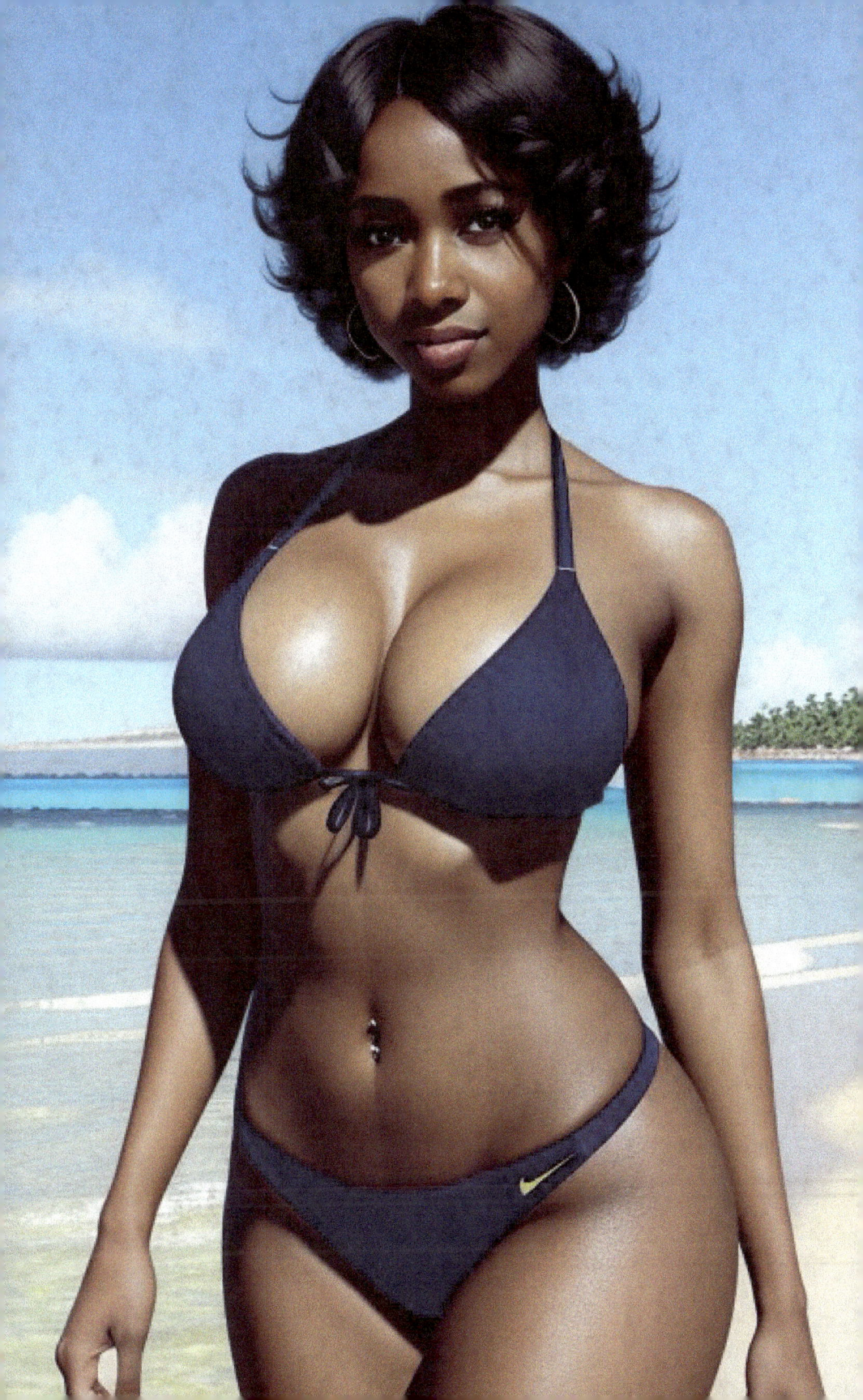

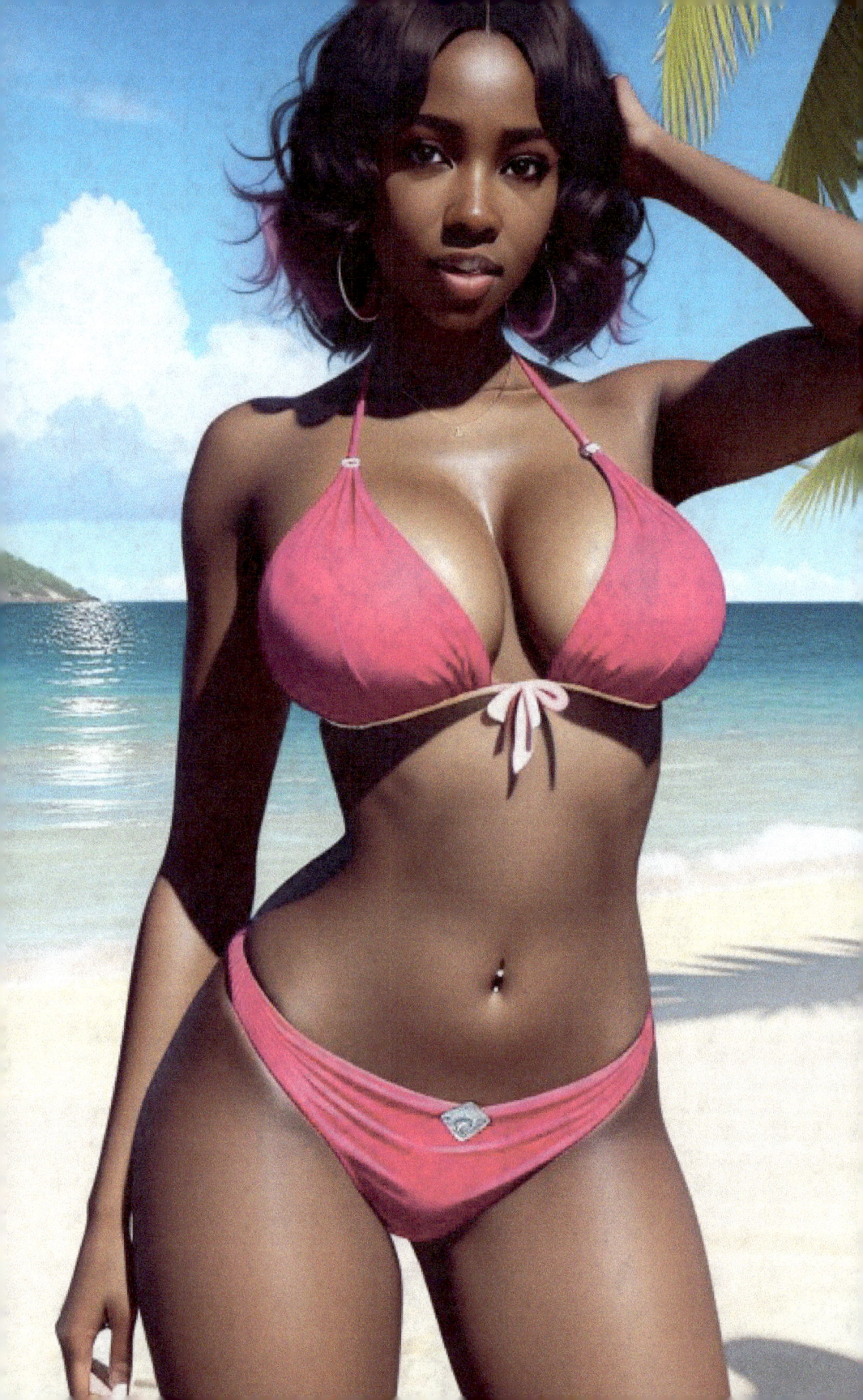

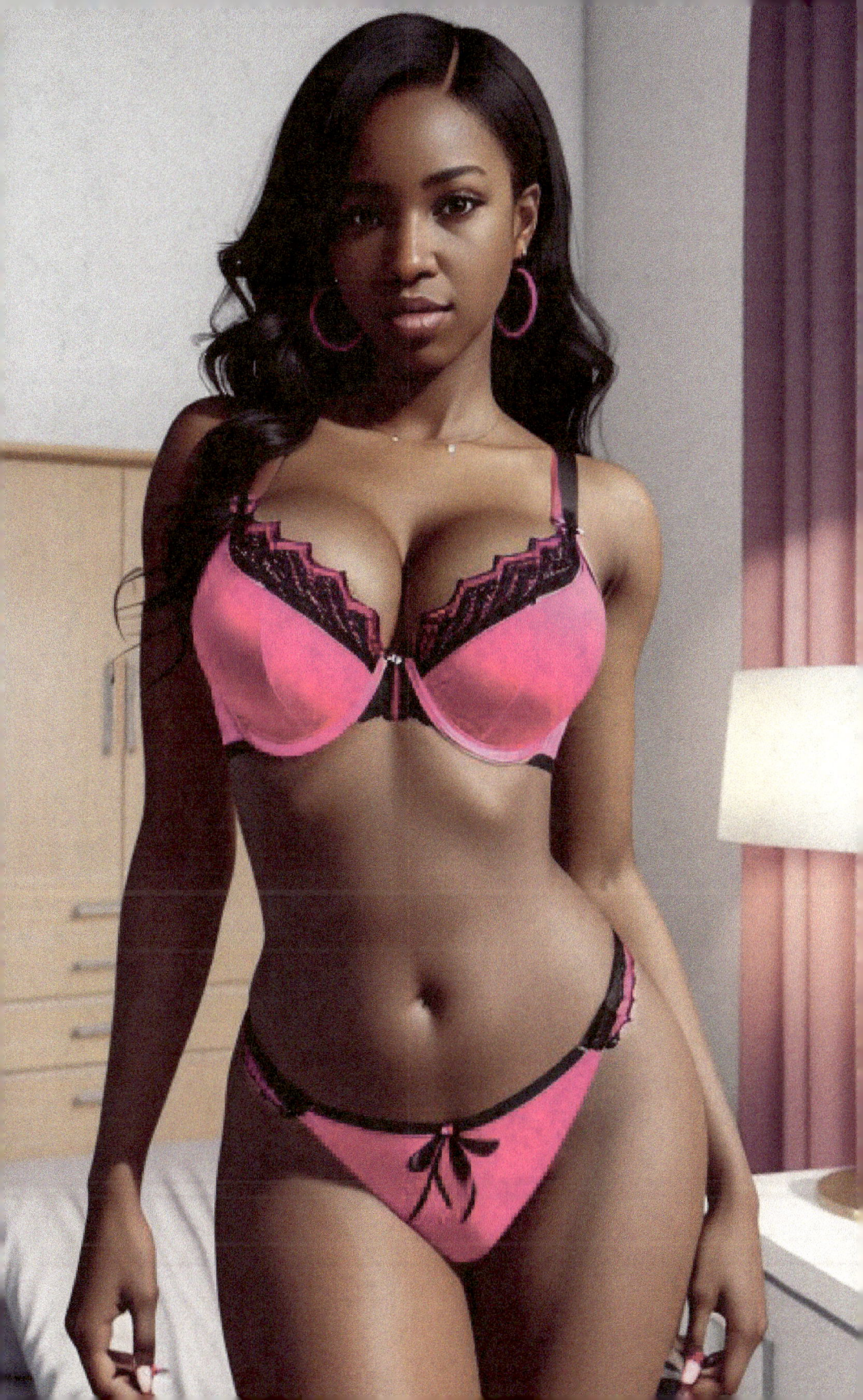

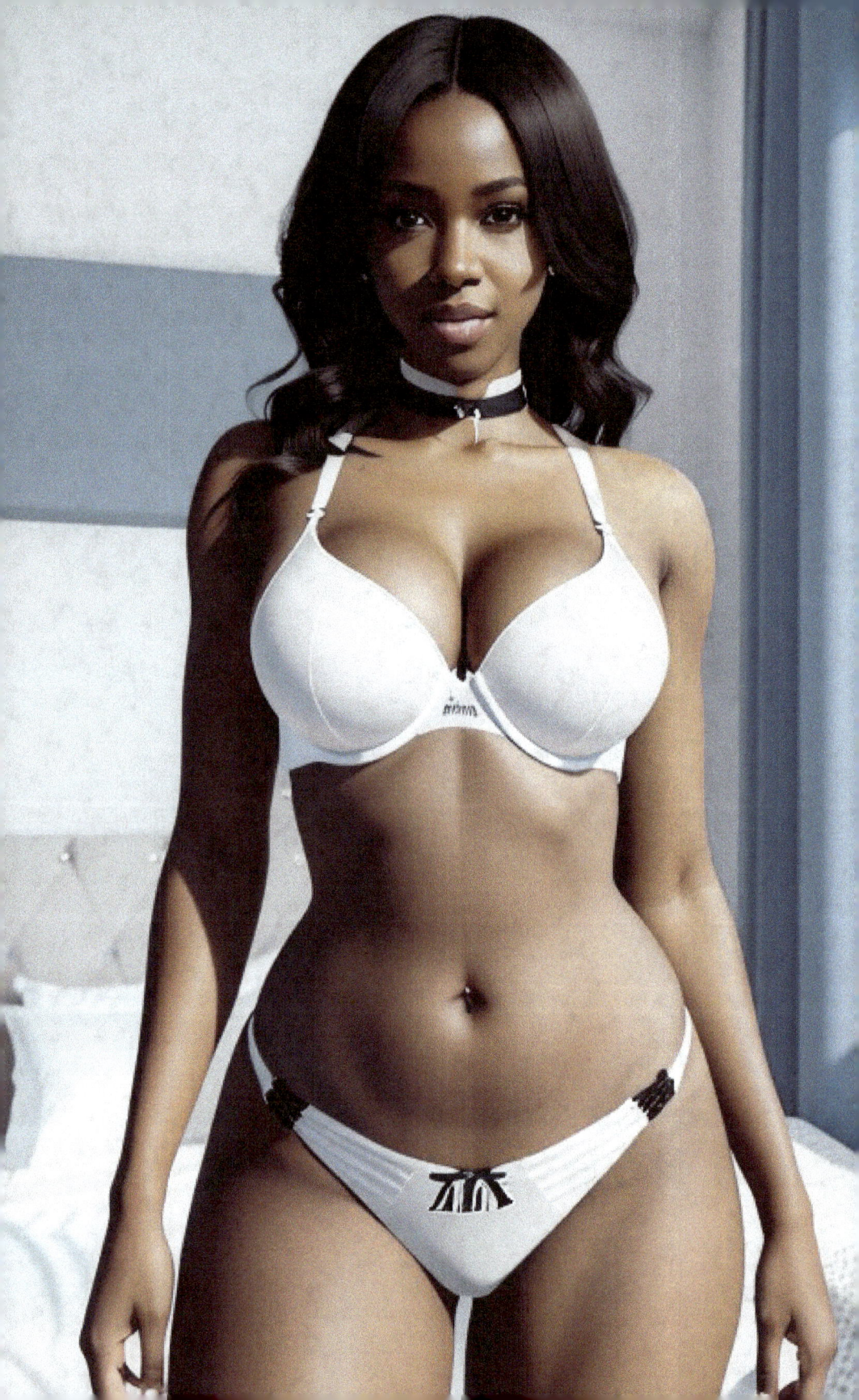

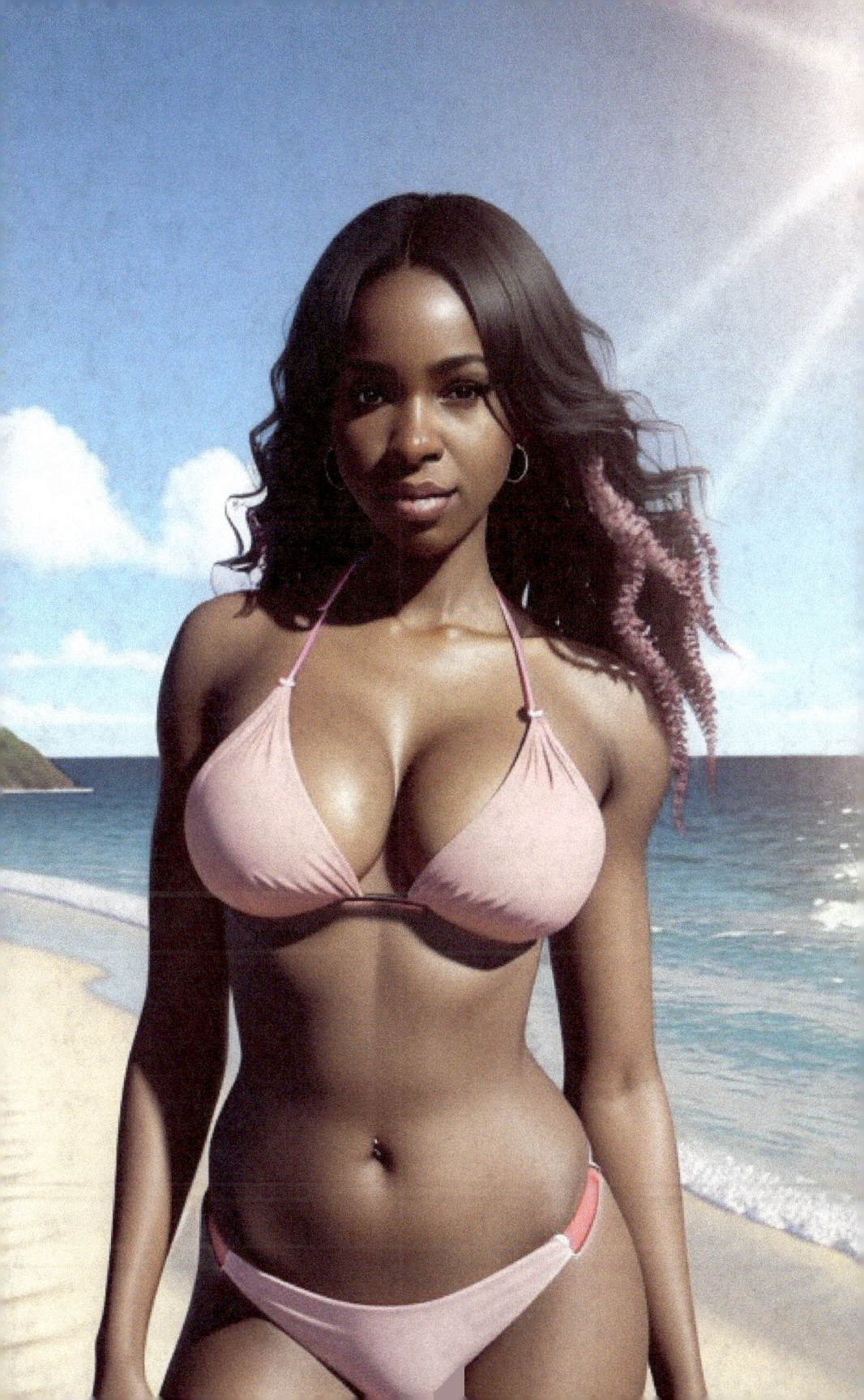

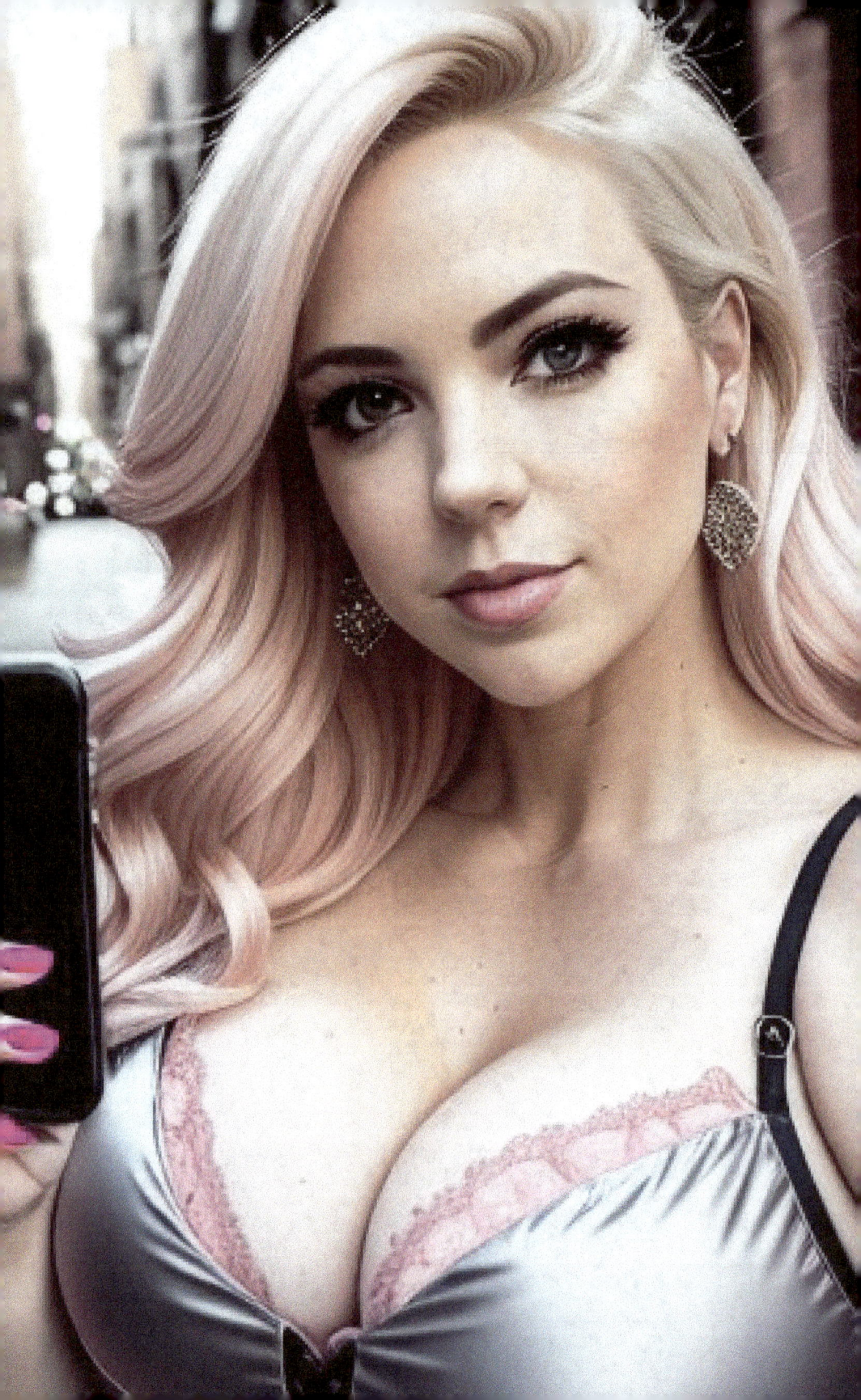

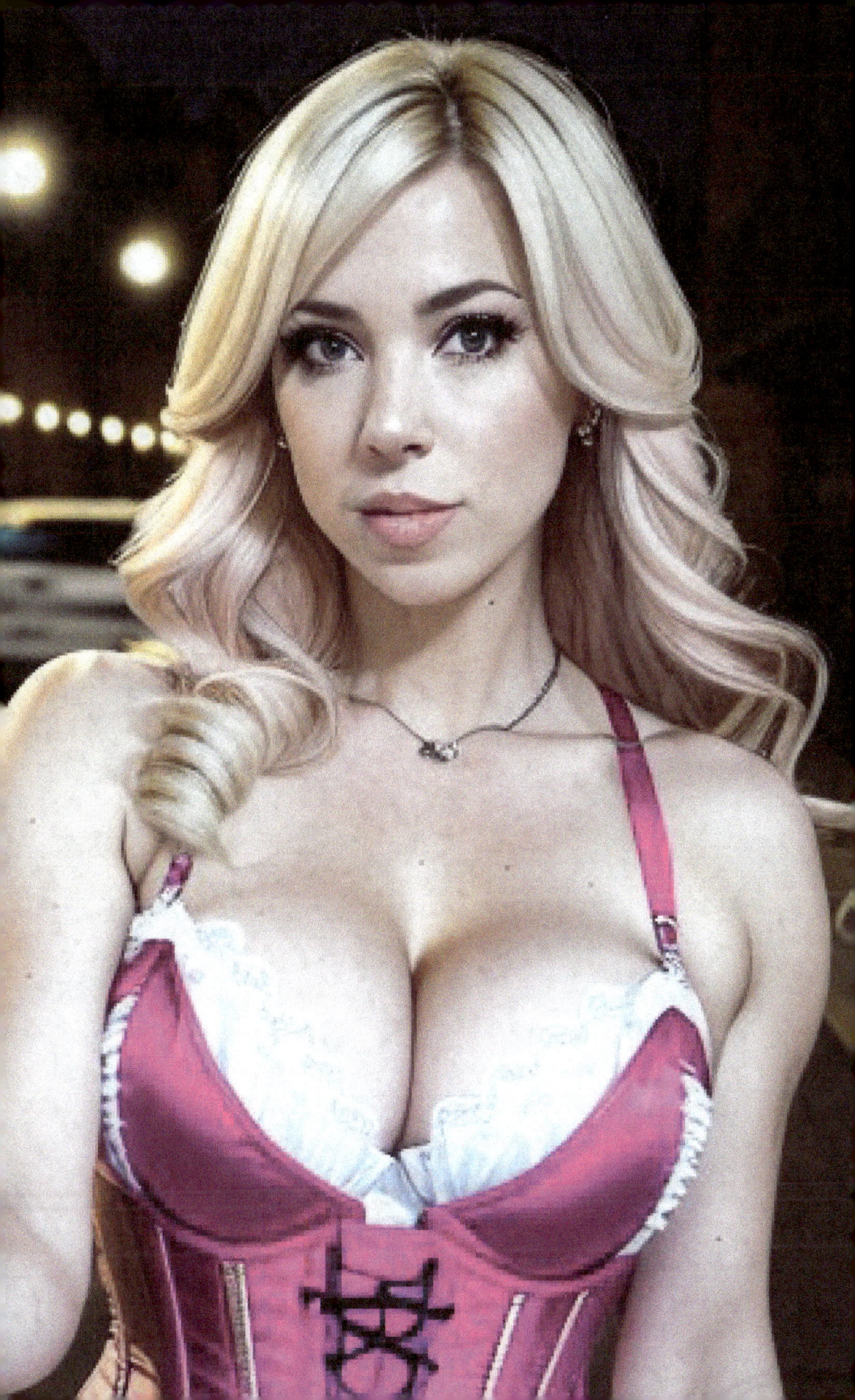

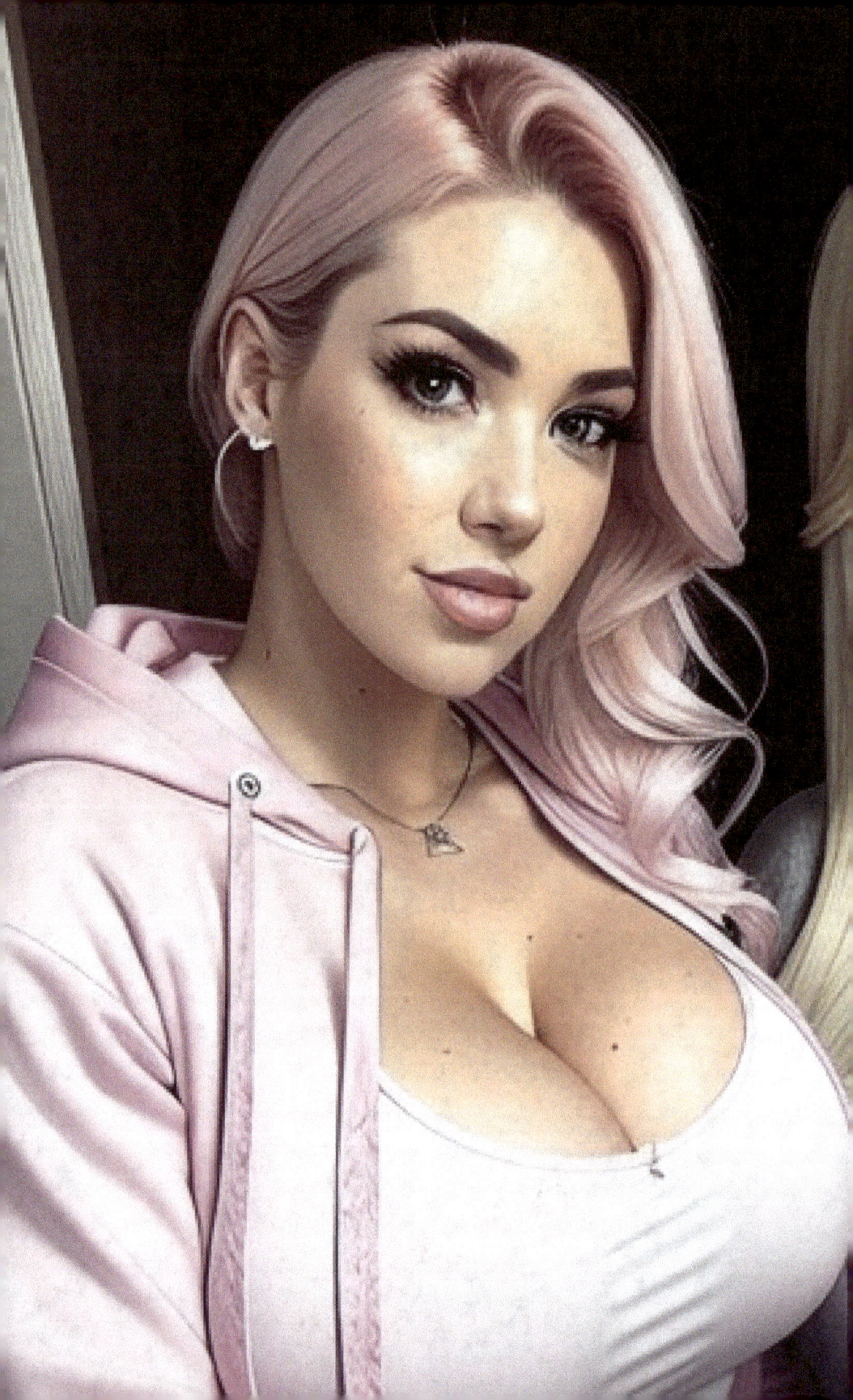

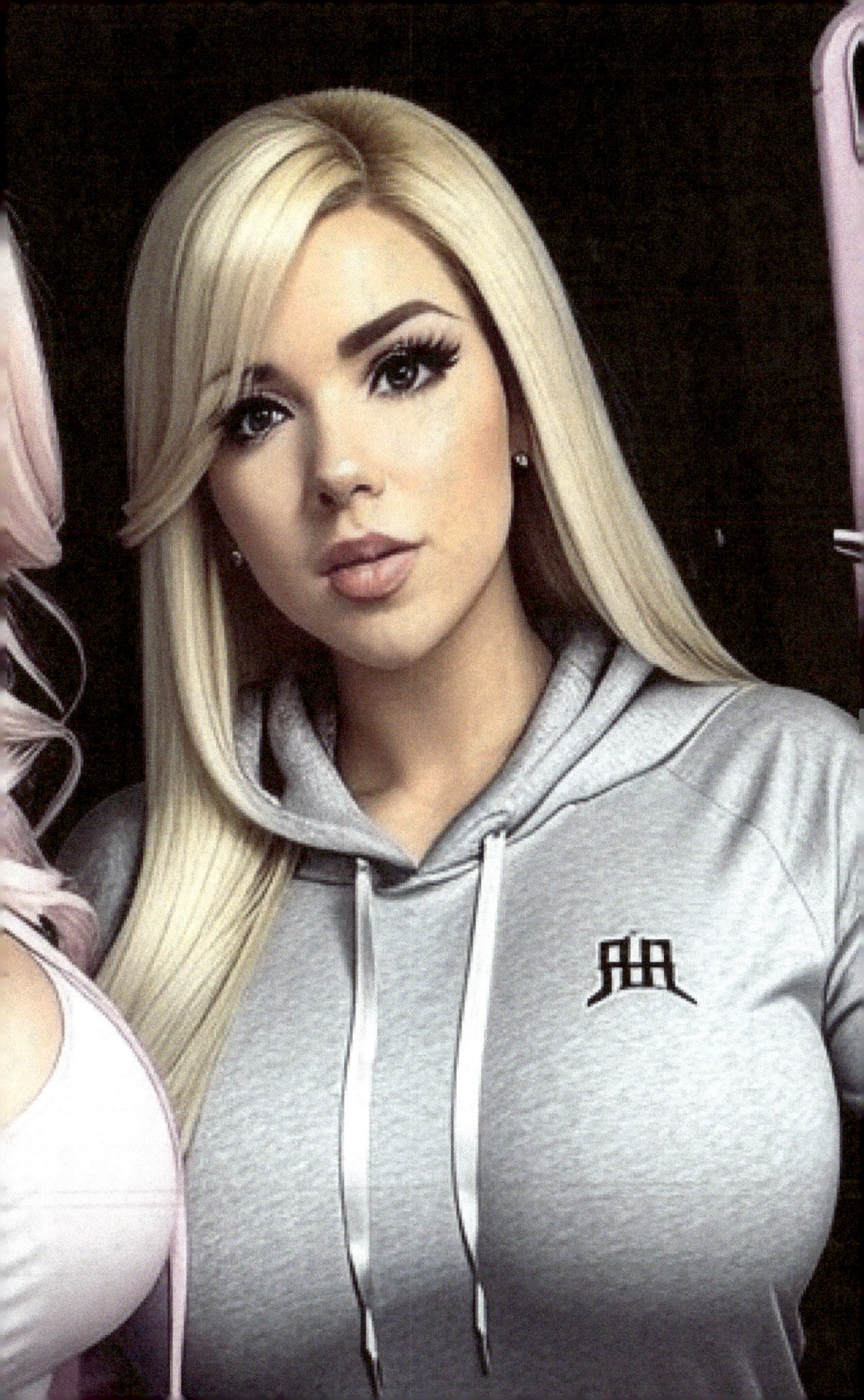

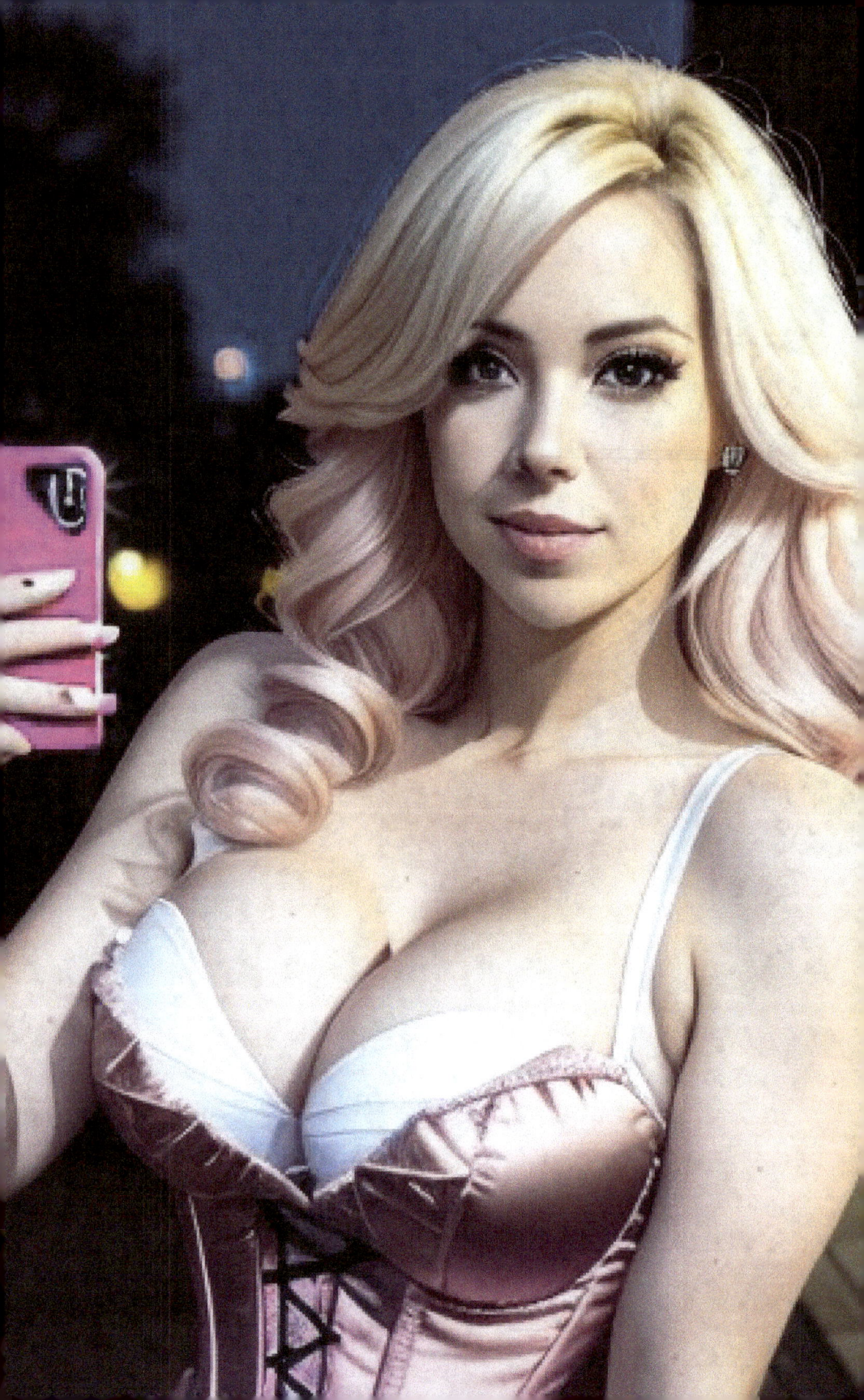

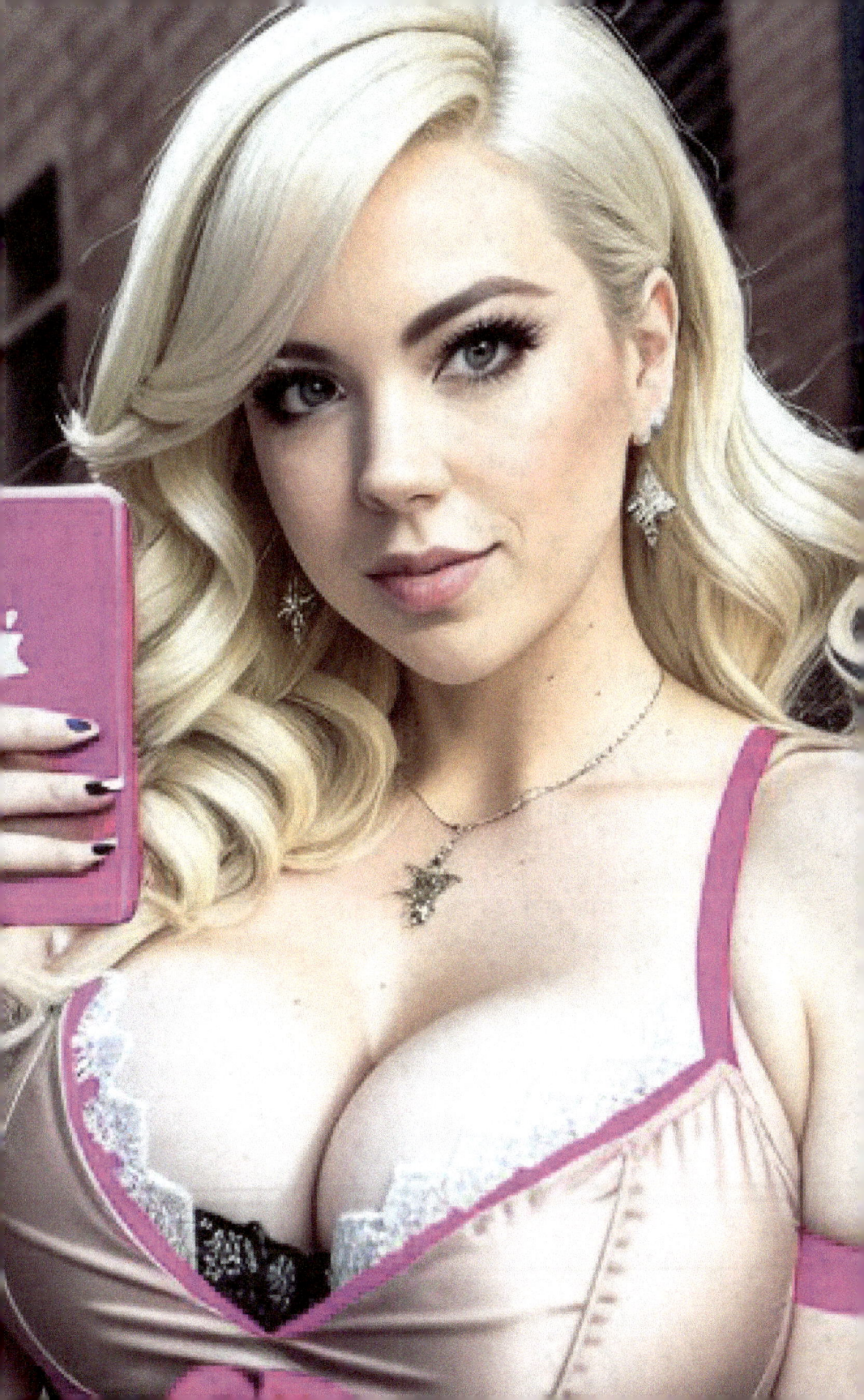

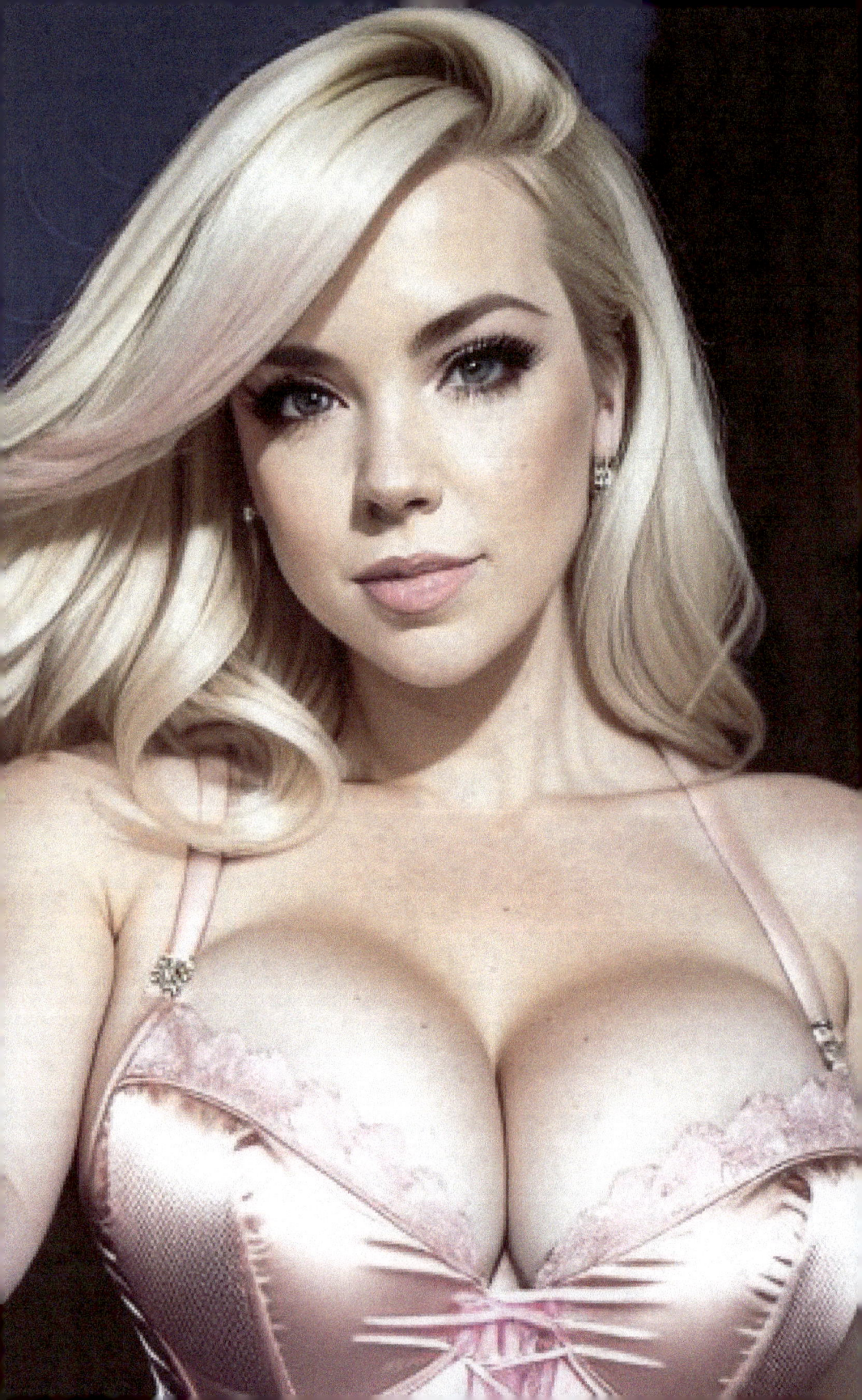

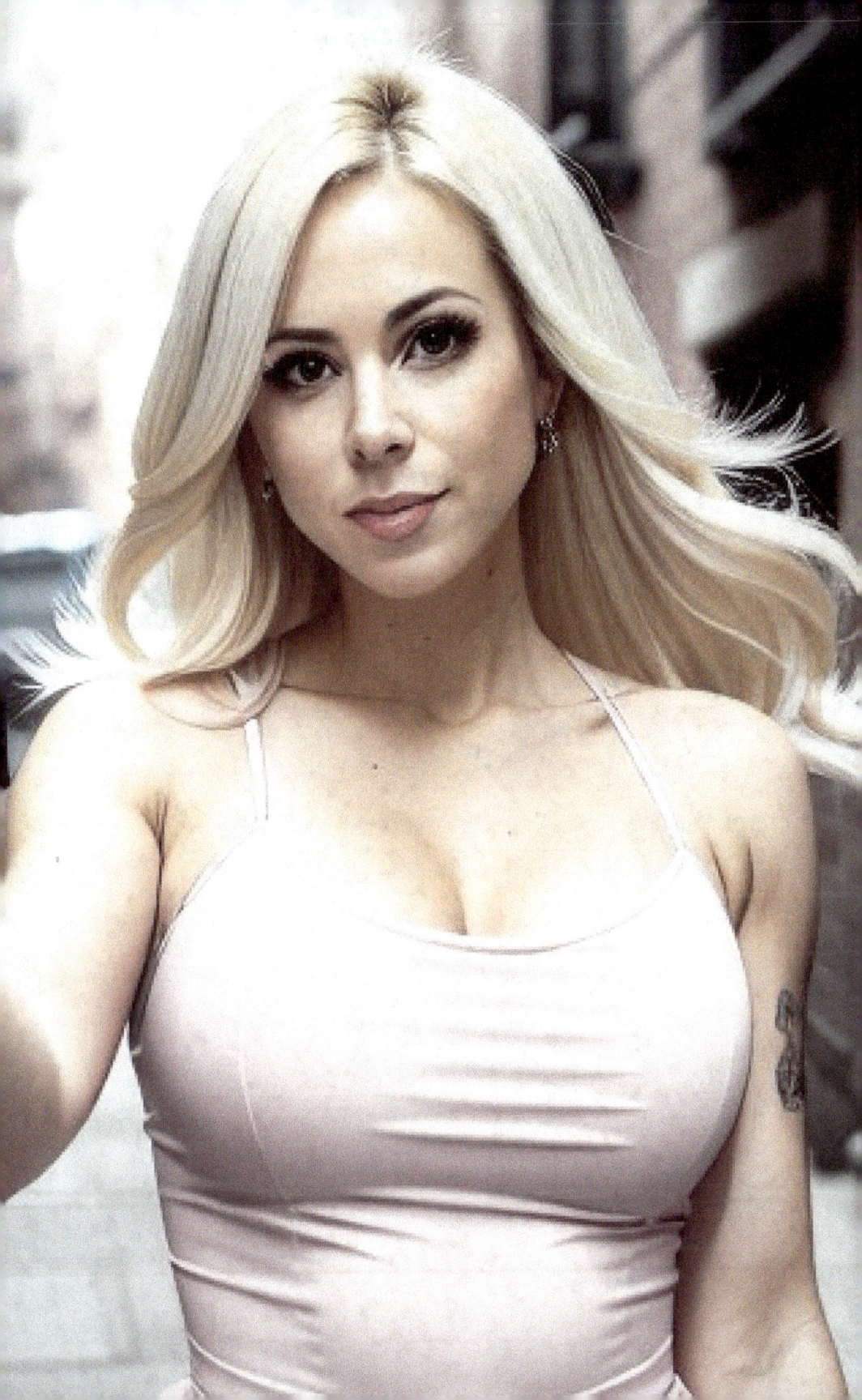

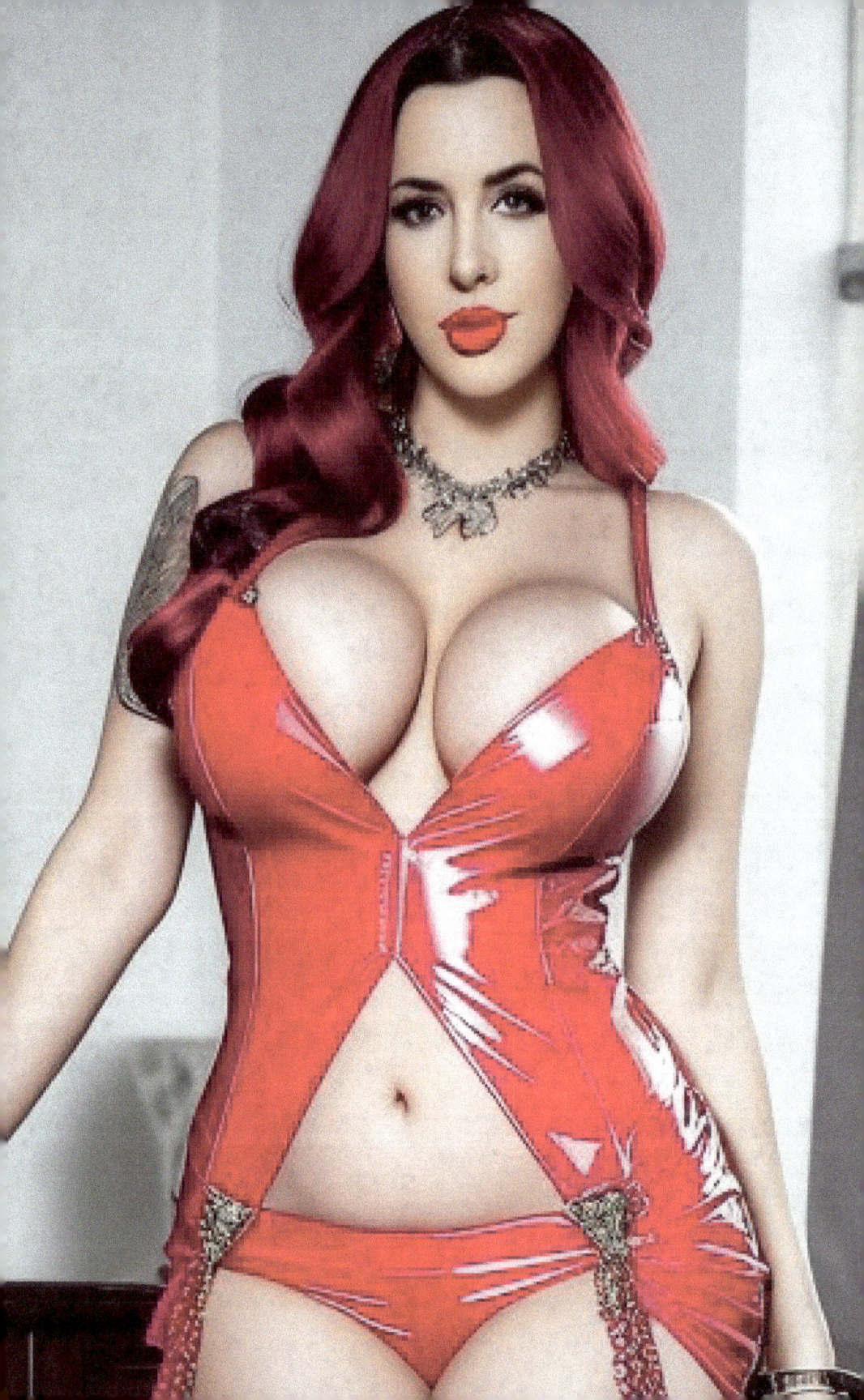

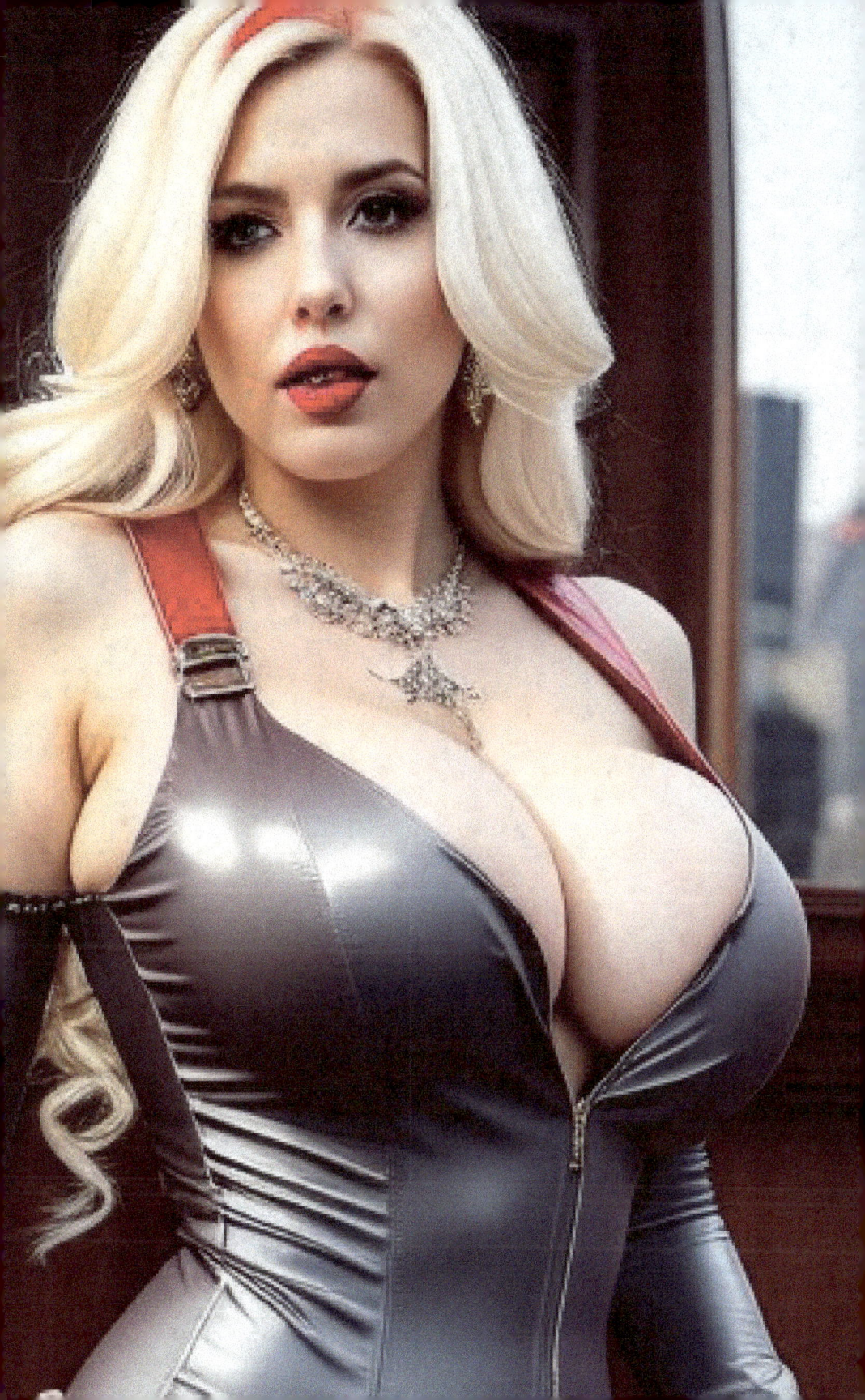

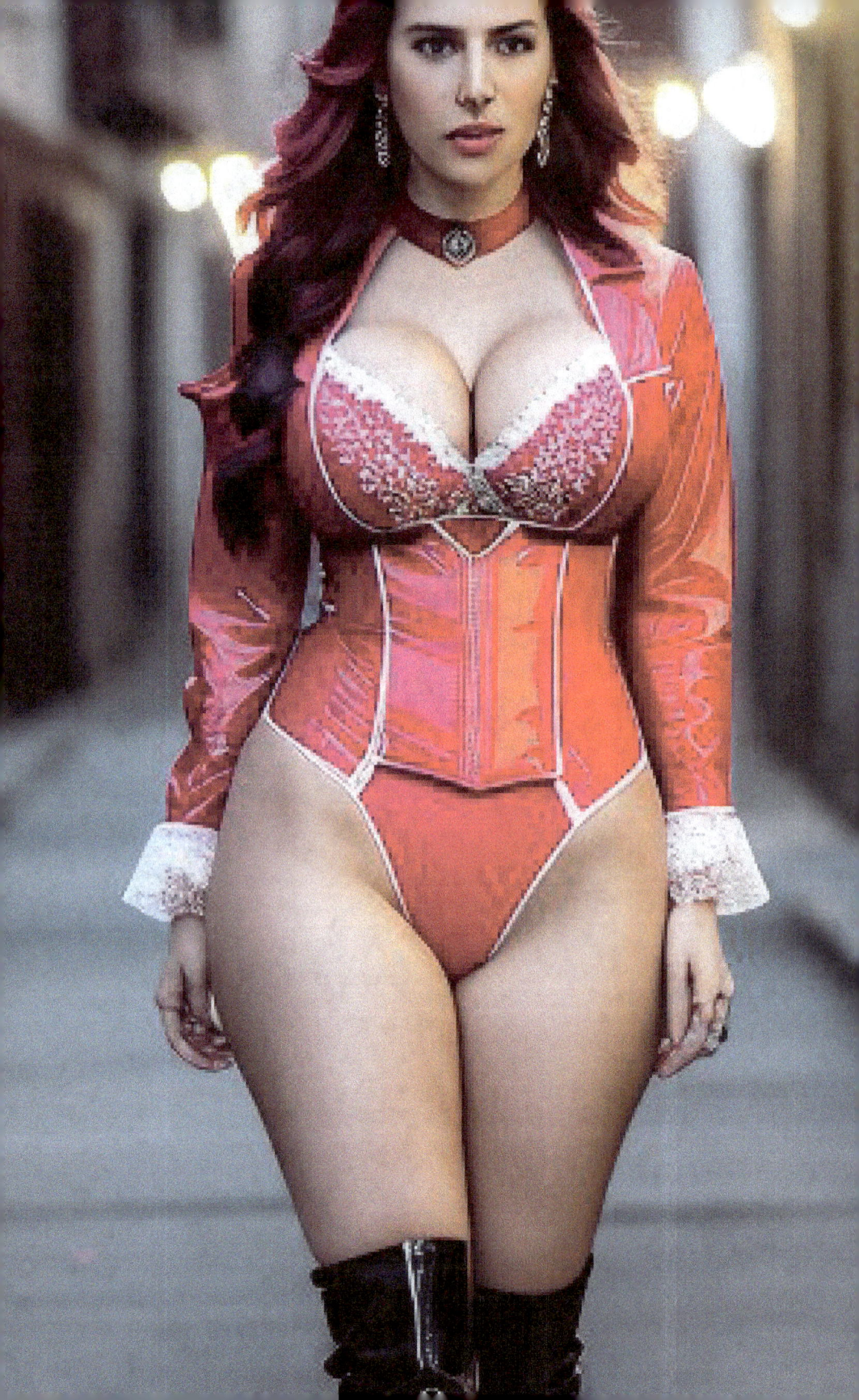

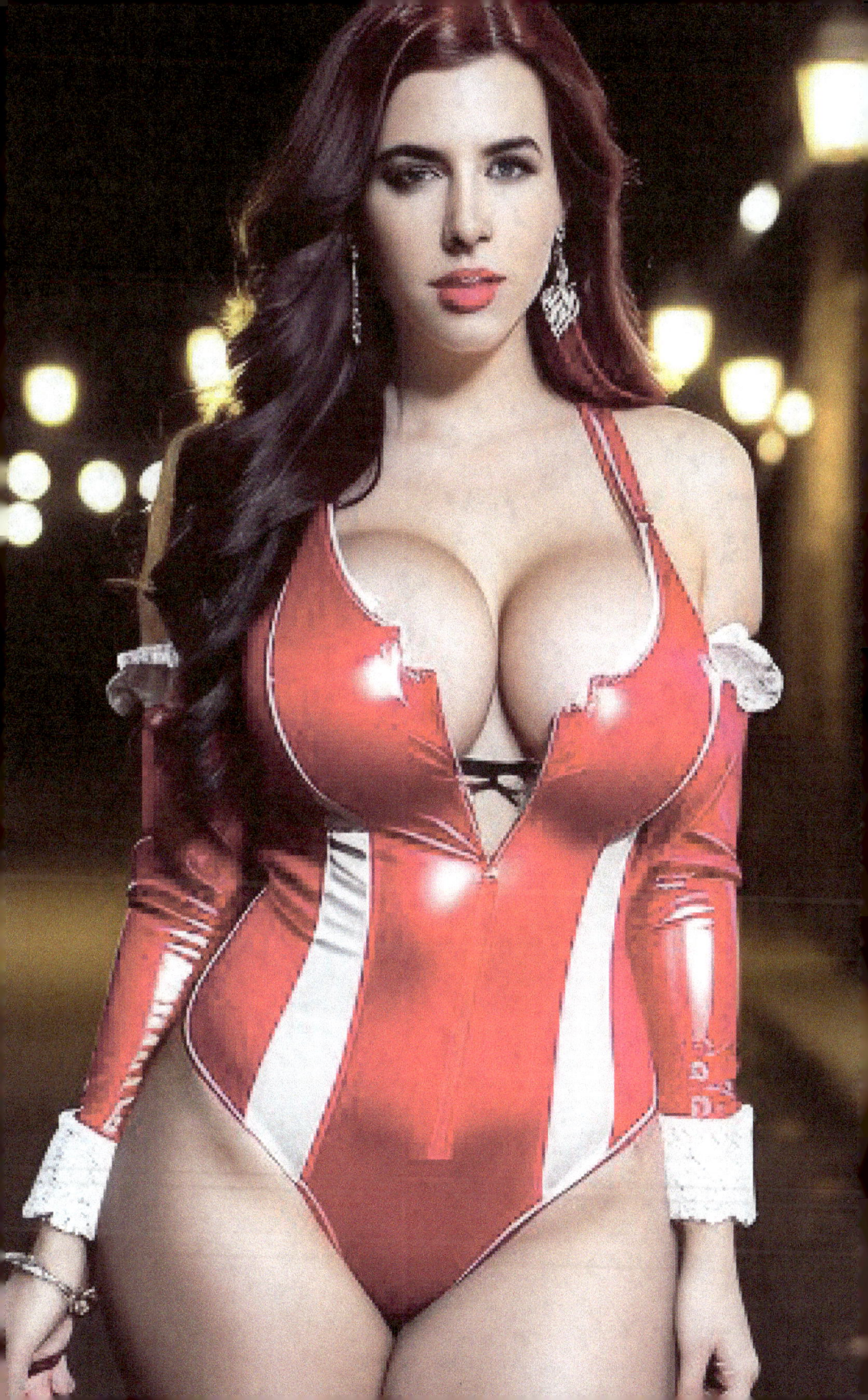

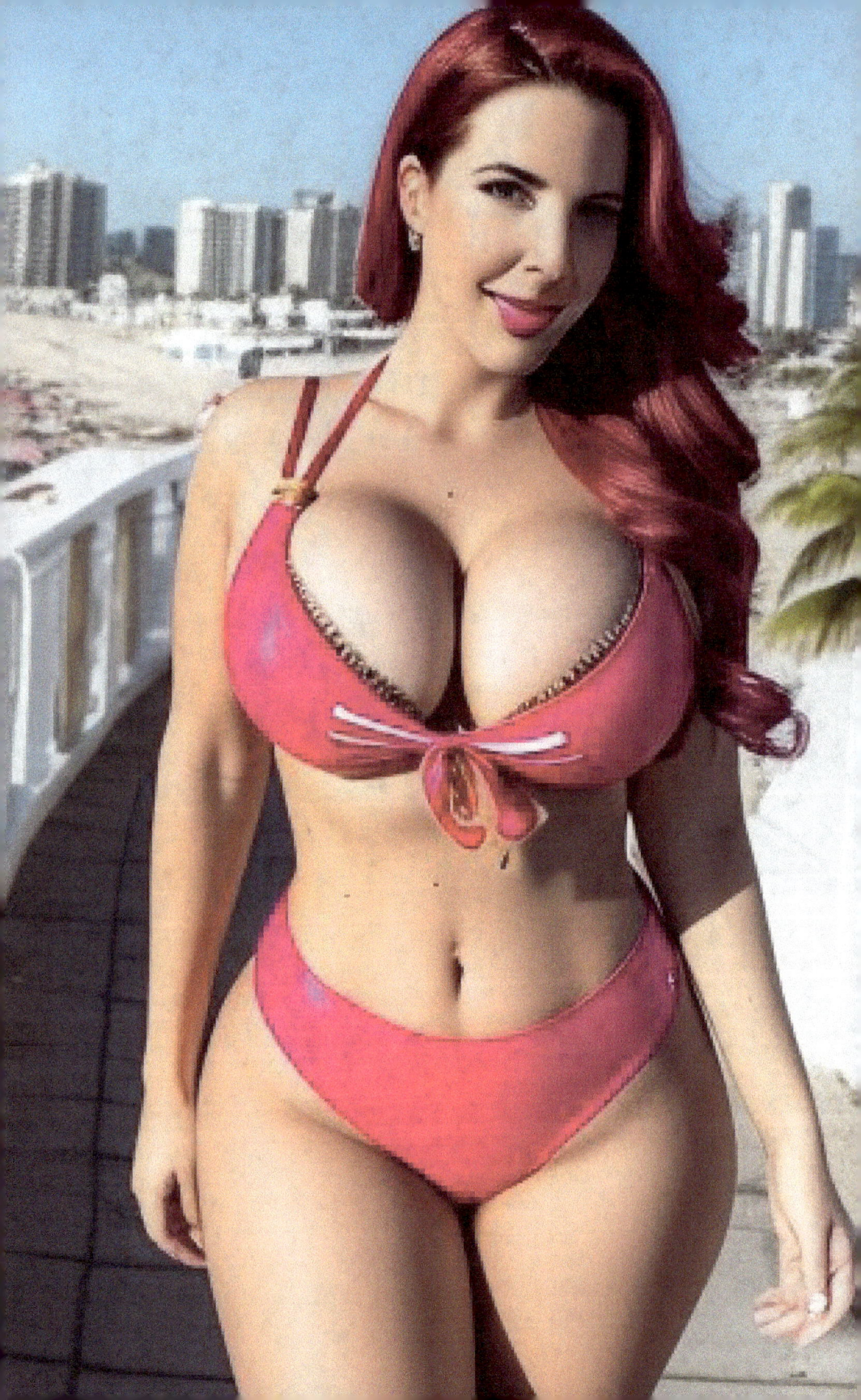

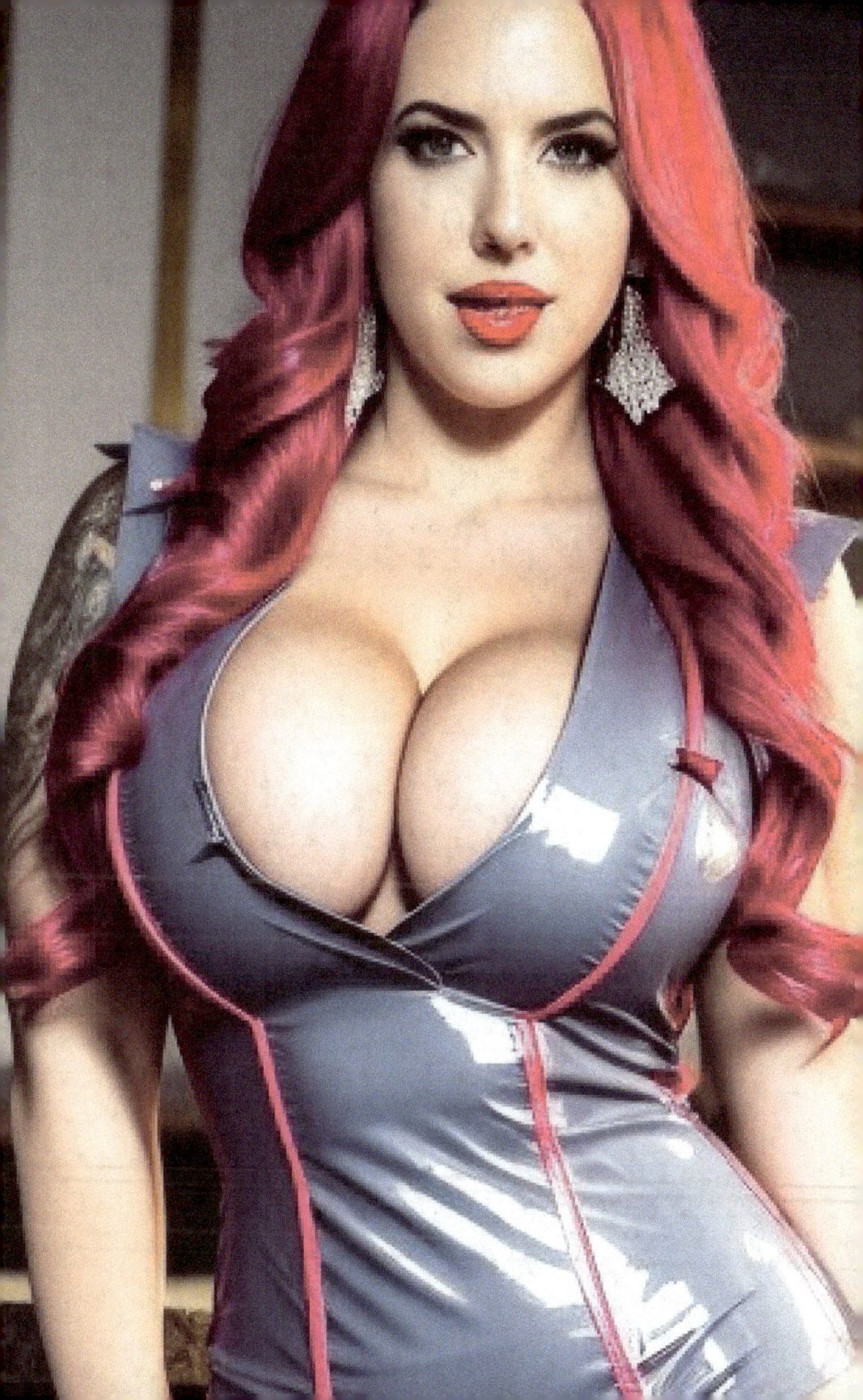

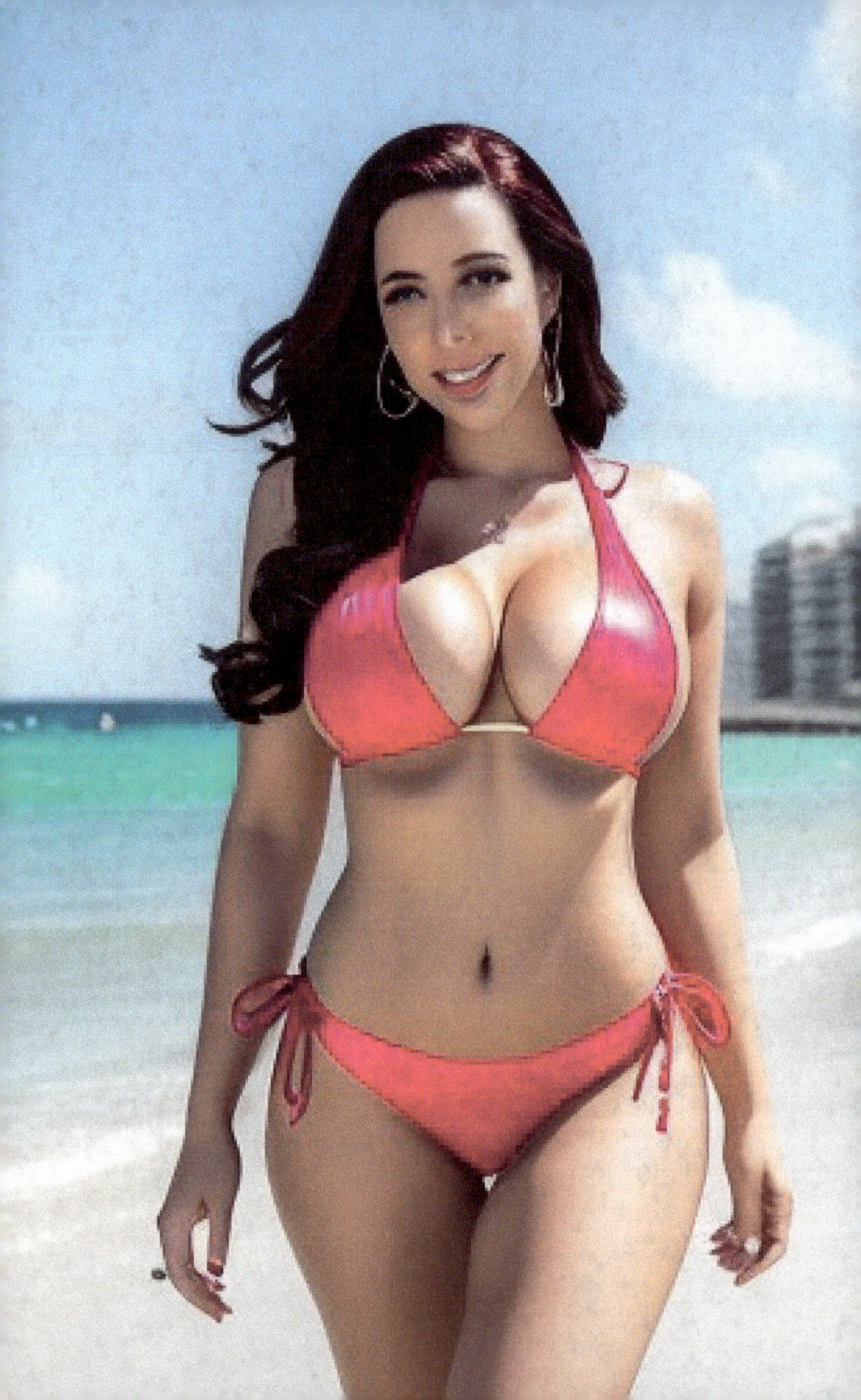

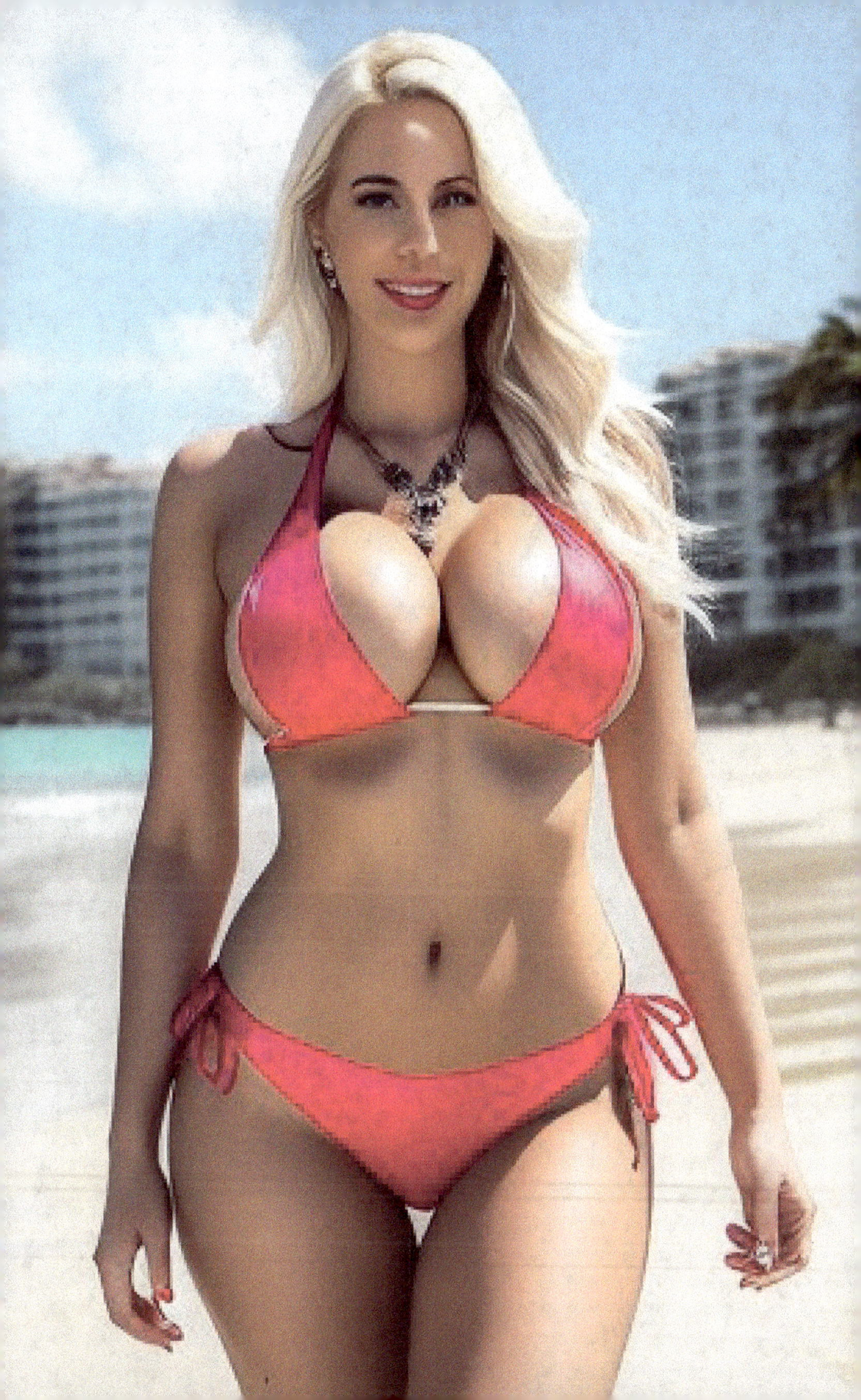

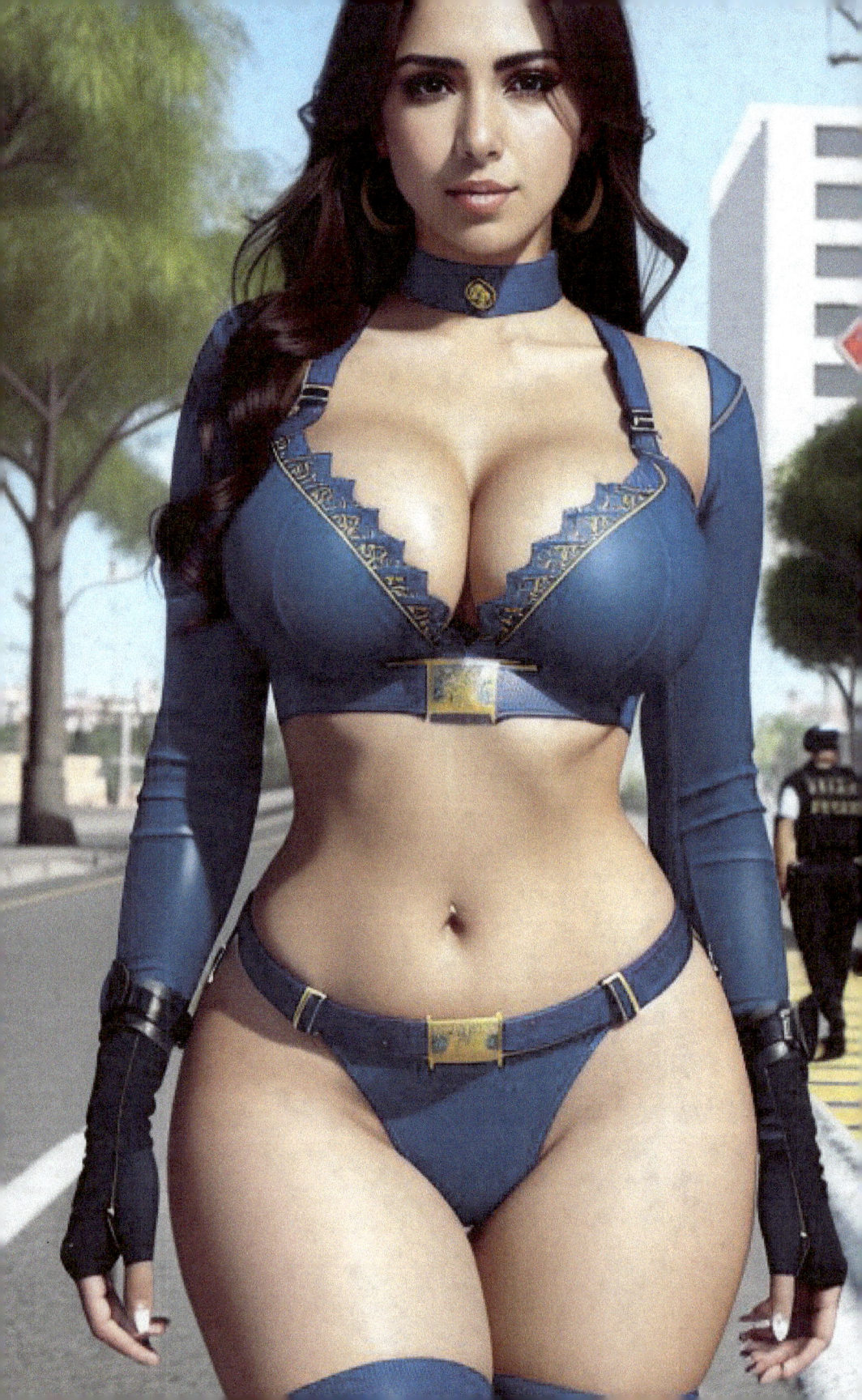

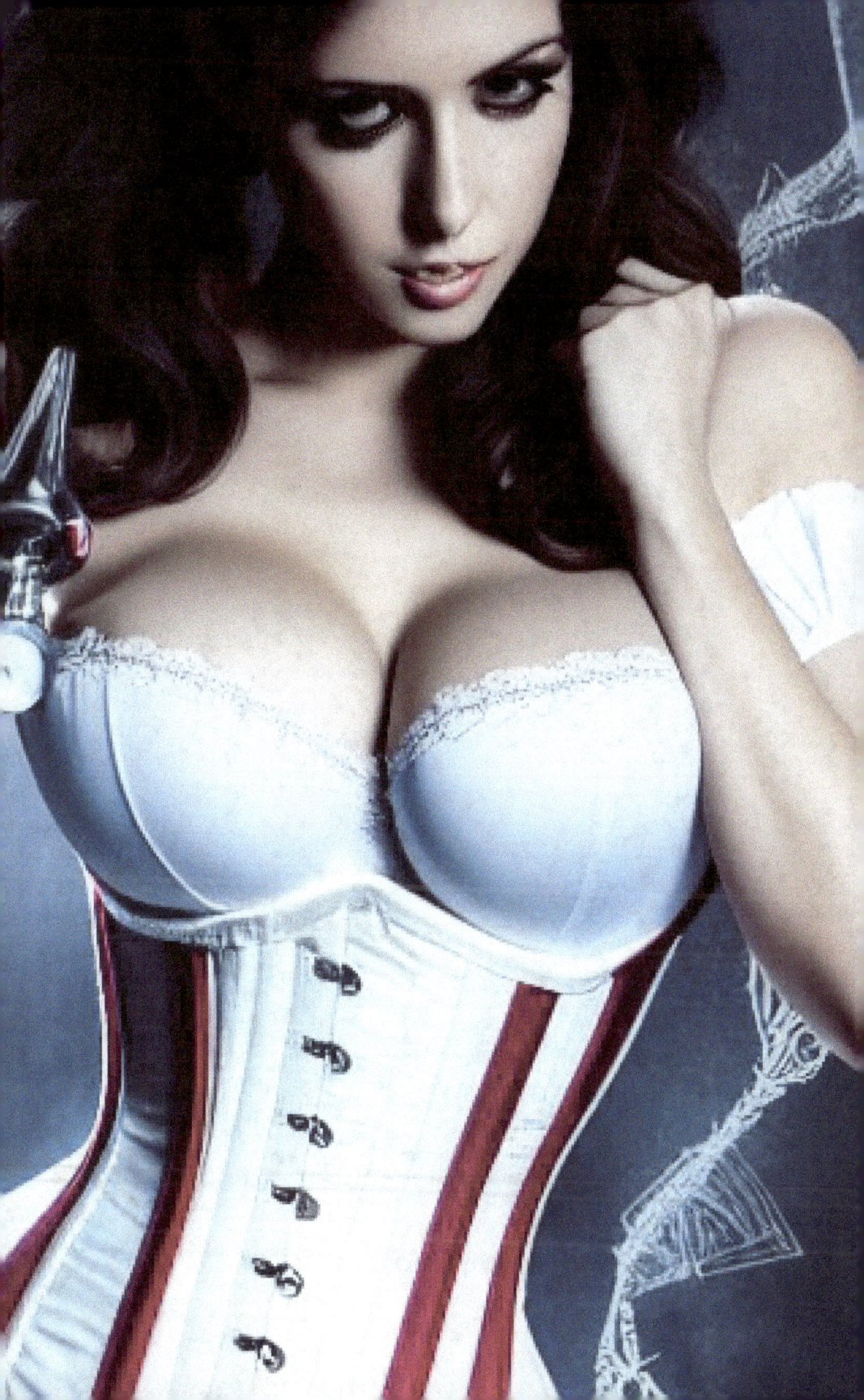

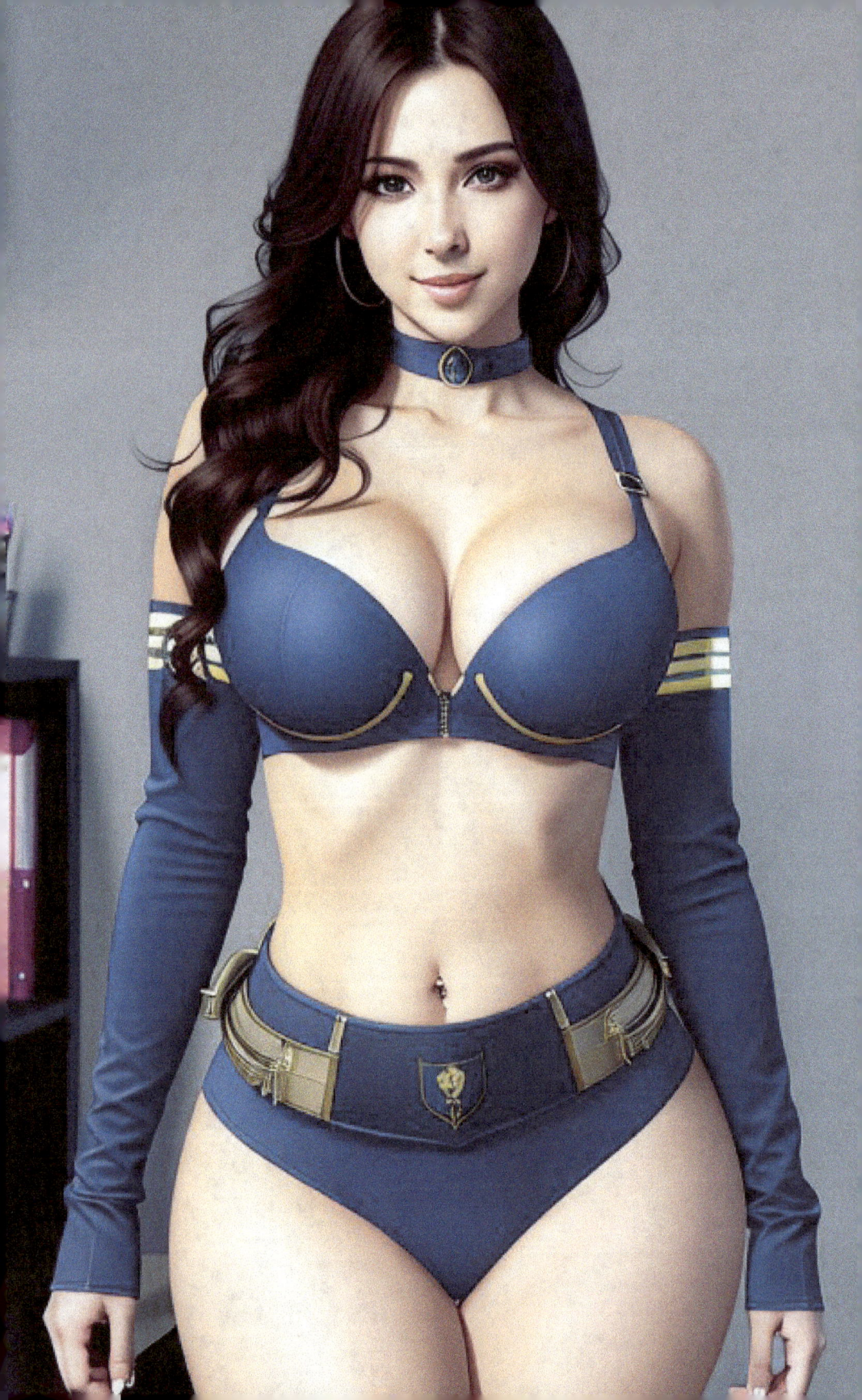

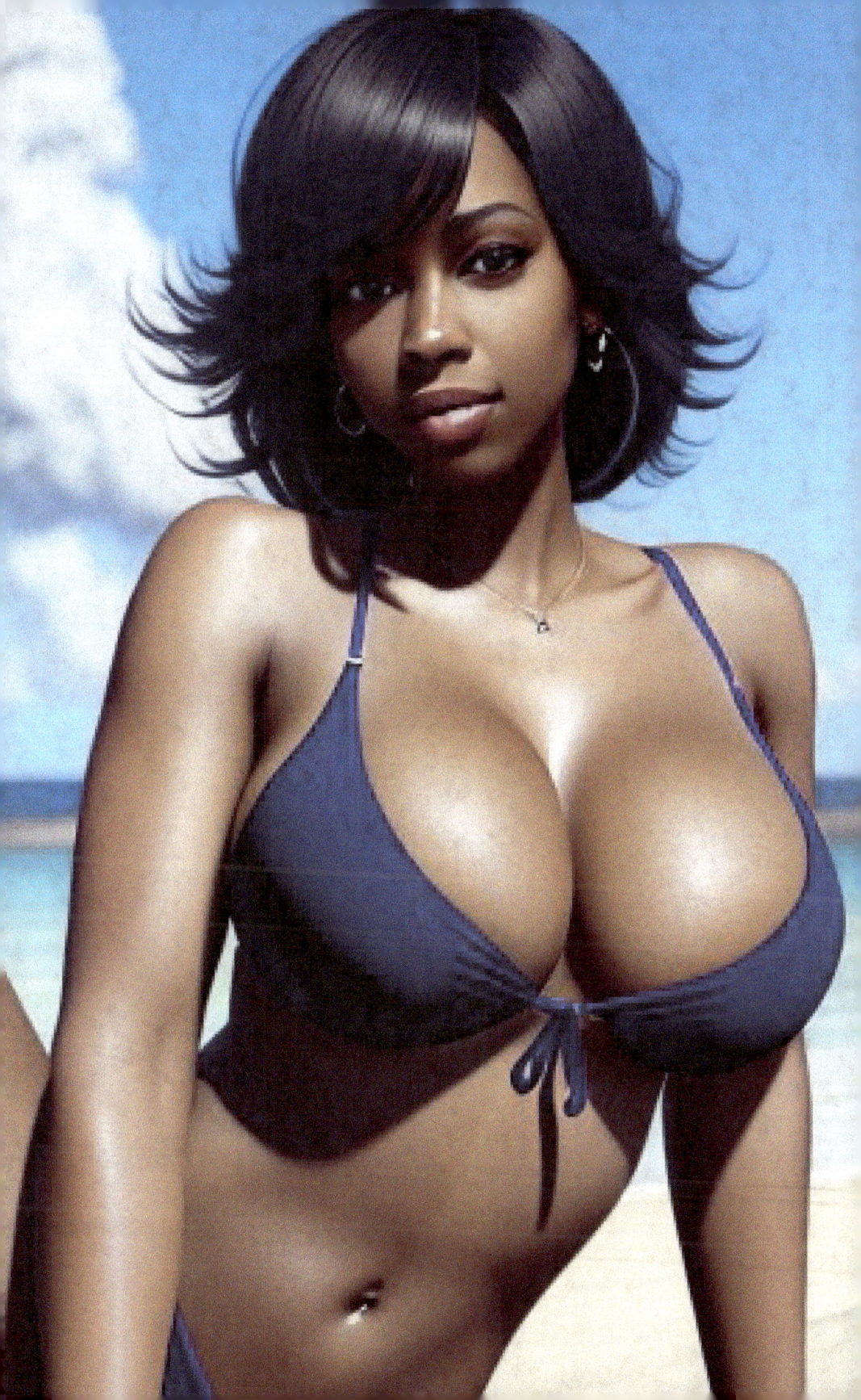

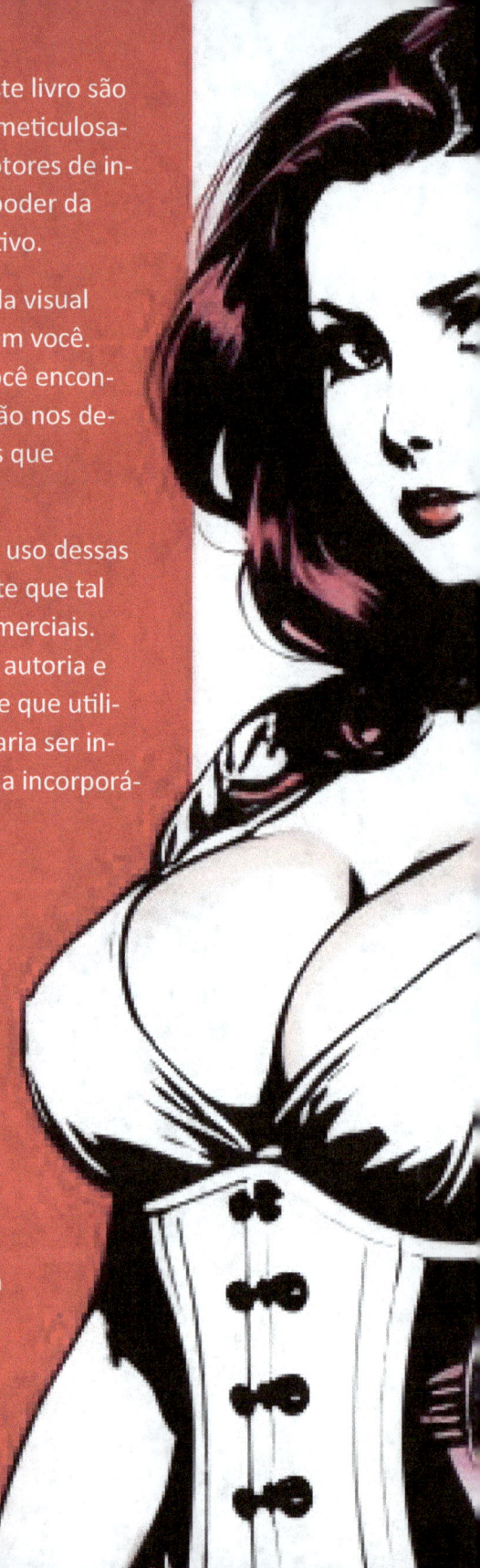

Todas as ilustrações apresentadas neste livro são criações exclusivas. Cada imagem foi meticulosamente elaborada utilizando vários motores de inteligência artificial, demonstrando o poder da tecnologia moderna no processo criativo.

Sinto orgulho em oferecer esta jornada visual única e fico feliz em compartilhá-la com você. Ao explorar as páginas, espero que você encontre inspiração e um senso de admiração nos detalhes intricados e nas cores vibrantes que adornam cada ilustração.

Embora eu conceda permissão para o uso dessas ilustrações, é importante ter em mente que tal uso está restrito apenas a fins não comerciais. Peço gentilmente que respeite minha autoria e forneça a atribuição adequada sempre que utilizar essas imagens. Além disso, apreciaria ser informado antecipadamente caso decida incorporá-las em algum projeto futuro.

Ao aderirmos a essas diretrizes, podemos promover um ambiente colaborativo que incentiva a criatividade, ao mesmo tempo em que reconhece e respeita os direitos de propriedade intelectual que sustentam este trabalho. Juntos, podemos garantir que a beleza e a engenhosidade capturadas nessas imagens continuem inspirando e cativando o público por anos.

Agradeço por embarcar nesta jornada visual comigo.

Atenciosamente,

Ed. Mujika